刘铁芳教育随笔

教育的高度即人性的高度

刘铁芳 著

北京师范大学出版集团
BEIJING NORMAL UNIVERSITY PUBLISHING GROUP
北京师范大学出版社

图书在版编目(CIP)数据

教育的高度即人性的高度 / 刘铁芳著 . —北京：北京师范大学
出版社，2017.7(2020.11 重印)
　(刘铁芳教育随笔)
　ISBN 978-7-303-21934-6

　Ⅰ. ①教… Ⅱ. ①刘… Ⅲ. ①教育－文集 Ⅳ. ①G4-53

中国版本图书馆 CIP 数据核字(2017)第 015874 号

营 销 中 心 电 话　010-58802135　010-58802786
北师大出版社教师教育分社微信公众号　京师教师教育

JIAOYU DE GAODU JI RENXING DE GAODU
出版发行：北京师范大学出版社　www.bnupg.com
　　　　　北京市西城区新街口外大街 12-3 号
　　　　　邮政编码：100088
印　　刷：三河市兴达印务有限公司
经　　销：全国新华书店
开　　本：890 mm×1240 mm　1/32
印　　张：6.75
字　　数：150 千字
版　　次：2017 年 7 月第 1 版
印　　次：2020 年 11 月第 2 次印刷
定　　价：45.00 元

策划编辑：陈红艳　鲍红玉　　　　责任编辑：鲍红玉
美术编辑：李向昕　　　　　　　　装帧设计：袁　麟
责任校对：陈　民　　　　　　　　责任印制：马　洁

自　序

自打 2013 年年底撞上北京师范大学出版社书涛编辑，一定要给我做一套教育随笔系列，我就像负上了一笔沉重的债，每隔几天来一个微信问我，他的事情怎样了。今年暑假看完奥运，正好还有一点闲暇时间，书涛的"催命符"如期而来，我干脆趁着想放松一下大脑的机会，把他的活儿给做了。

我把以前算得上随笔的文字统统找出来，从中发掘出四个基本主题，分别做成四个空文档，再把合适的文字一篇篇拣进不同的"篮子"里。四个主题下面的文字基本敲定后，再一个个"篮子"梳理，每个"篮子"又找出五个分主题，大致按照起承转合的思路排列相关主题，然后把不同的篇目放到不同的分主题下，列出每个主题的不同目录。于是，有了现在的四本随笔集。

《比技术更重要的是观念》这本随笔集的主题很明显，就是要倡导一种有理念的教育实践。现实的习惯很坚硬，需要足够强大的理念之光才能将它穿透，这对于急功近利的我们而言尤为困难。在这里，我想要传达的不仅仅是教育的理念本身的重要性，还有每个人如何从自己周遭的坚硬现实中超越，以理念之光来照亮自我人生。当我们想充当孩子们世界的点灯者的时候，首先需要点燃自己的心灯，开启对教育的理想诉求。

《知识与教养之间》主要探讨的是道德教化的问题。道德教化问题是一切时代的中心问题，今天同样如此，甚至更加重要。因为我们今天遭遇的诱惑实在太多，稍有不慎就容易偏离个体发展的德性之路。关键的问题在于，道德是可以教化的，道德教化很重要，但却是很难教的。道德之可教与不可教的矛盾几乎贯穿苏格拉底的人生。本书所倡导的道德教化的基本理念是如何切实地回到个体，从守护每个人做人的尊严开始，给予更多自由陶冶的可能性，在人与人的对话中切实引领个体灵魂的上升。道德教化很难，但无比重要。我们需要正视这种艰难，同时要充分地意识到这种艰难，并担当这种艰难，由此避免简单的灌输。

《教育的高度即人性的高度》的基本主题是教师在教育实践中的地位与教师的生命修炼问题。基础教育的质量，甚至于一切教育的质量，中心乃是身在其中的人的生命质量。首当其冲的是教师的生命质量，没有高质量的教师生命，是很难甚至不可能教出高质量的学生生命状态来的。今日为师，需要充分地意识到自我身上的生命责任，努力孕育生命之爱、教育之智，以阅读与思考来提升自我，以思想之光点燃日常教育生活之薪，寻求一种积极的生活状态，努力让自己成为优良教育的见证者。当人人都在抱怨中国的教育现状时，我们需要的是切实的努力，一点点照亮我们身边的孩子，绝不放弃。

《找寻心灵的家园》乃是面向自我、面向心灵的写作。我们所有的努力都需要回归自我内心，给生命寻找精神之家。在日渐浮躁的时代与社会里，我们究竟应该何以自处？本书开宗明义，要"紧盯着内心的信念之光",意在让自我生命多一份从容与豁达,避免日常生活的无序与庸常。一个人如何回归自我内心?我们需要一种历史情怀与文化意识,在历史渐行渐远的背影中读出生命的苍凉,不断地注视大地上的事情,同时关注个人的似水流年,一点点去感悟生命的真谛。最终,我们需要拥抱生命之谜。这里的关键,一是保护生命之谜,所谓"水至清则无鱼",一定要留有余地;二是明知生活的无奈与无常,我们依然要热爱生活、拥抱生活。我欣赏的人生姿态是深情地活在一个寡情的世界里。我的人生姿态,非关他人,关乎内心。于我而言,这是一个成熟个体的应有姿态,虽高山仰止,但心向往之,并努力为之。

我是较早开始写教育随笔的,当时反响也很不错。我的文章基本特点是小中见大。我是一个比较内敛的人,文如其人,所以文章总是从浅近的事情说起,一点点绵延深入,凭借自己细腻的心思与探索教育基本问题的兴趣,让文章逐步接近教育的中心问题。

我感觉自己不是在用文字,而是在用心、用生命写作这些文章。我让自己的内在生命世界尽可能充分地向着所思问题开启;让自我生命的触角尽可能地深入其中,探究其中的教育意蕴;让自己充分地被感动。我把自我生命置身其中的这份真诚的感动写出来,写出生命的喜悦与忧伤。如今写教育随笔早已不是独角戏,俨然成众声喧哗之势。我知道,撰写随笔的使命早已完成,我需要回归到自己内心,安静地寻求自己对中国教育问题的系统而深入的思考,暂且专注于做一点小小的属于自己的学术研究,无暇他顾。

或许对于我而言,要完成书涛的任务并不难,但为什么会成为心头难以偿还的"债"？主要原因在于现在的我对教育随笔早已意兴阑珊，并无意于推出一个系列。但书涛兄反复游说，一来朋友之情难以却之，二来他"诱惑"我可以好好推广我的些许教育思考。我一方面想做点纯粹的事情，另一方面又是个难以完全抵制诱惑的俗人；一方面不想花太多精力于自己并不感兴趣的事情上，另一方面又不愿伤害朋友。活在矛盾之中，才是我心头压力的根源。

随笔的优点很明显：有感即发，人人都可以写，长短不限，不拘一格，富有灵气。随笔的问题同样明显：一是因为随意而容易流于个人主观意志；二是因为随性而容易浅尝辄止，这往往使随笔写作的水平参差不齐。我也不能例外，我的文字中确实有不少自觉写得不错的文字，但也同样有诸多随意随性之作。更重要的是，因为随笔随意可写，往往容易让人在同一水平上不断地重复，或者在同一水平上不断复制，很难达到自我的不断超越。我不愿意让自己为细琐的灵感所左右，我需要专注，需要持续而深度的坚持。这或许是我转向的真正理由。我也偶尔提醒朋友，努力避免陷于自我美化的陷阱，让写出来的只是些看起来很美的文字。

我们似乎已进入一个出版的时代，我们更乐于表达，也更急于表达。这当然是一件好事，能让更多的人发出声音。但随之而来的问题也很明显，如容易让人迷失在泛滥的书籍之中，缺少判断力和足够的阅读趣味，使得表浅性的阅读、无须思考的阅读过于流行。我们确实需要在阅读中寻找光亮，在冷静而专注的阅读中寻求自我生命得以援助的力量。

写下这些文字，期待与朋友们共勉。

目　录

第五辑　成为好教育的见证

第一辑　教育的生命情怀

爱与责任：因灾难而生的教育精神

2008 年 5 月 12 日，四川汶川大地震发生，此次灾害导致六万多人遇难，两万多人失踪，数十万人受伤，数百万房屋倒塌。当灾难以迅疾之势进入当下中国社会生活空间，迅速成为激励民众、唤醒民心、凝聚民族的精神性事件，亿万中国人迅速成为一个完整的生命共同体，以此来扶助灾民，共同对抗灾难。与此同时，灾难本身也成了一个重要的教育场域，无数人的灵魂获得净化，对生命的关切胜过一切，由此而生的爱与责任，构成教育精神生长的起点。

(一)生命高于一切

日渐体制化的教育，像一架冰冷的机器，把置身其中的每个人都带入以知识的获得与技能的训练为中心的教育流程。从基础教育到高等教育，加上当下教育竞争的愈演愈烈，以及大众文化所提供的某种虚幻的温情，我们开始越来越多地沉溺在个人功利性的教育追求之中，把自己封闭在个人自我成就的追逐之中，逐渐失去了对他人生命世界的鲜活感受，我们的教育精神也在功利主义与技术主义的侵蚀之中一点点走向封闭。

现代文明在不断提高个人自主、自立能力的同时，也在逐渐地导向人的孤立。科技与商业的高度发展，把人与人之间原本淳朴敦厚的关系，转变成了利益的交换，转变成对财富和名声的追逐。每个人都为着自己的生计谋算，所产生的必然结果，就是个人私欲的极大膨胀，以及对他人以及社会的漠不关心。商业、财富和名声，正在成为我们这个时代的特质，正是这一特质掩盖了生命的真相，使我们片面地看待生命，他者生命成了一种功用性的存在。每个人都习惯于把自己厚厚地围裹起来，面对他人生命世界，我们更习惯于隔岸观火，缺少必要的敏感性，有用性成为交往的尺度，生活伴随人心的迷误而变得冷漠，少了些许人性的温暖。卷入其中的现代教育以培养个体对当下生活的适应为基本目标，不再以个体整全人格的发育为根本目标，这意味着现代教育本身正在成为滋润狭隘个人主义与利己主义的温床。

当灾难出现，大自然肆虐地施展其毁灭的力量，个人主体性的自大与盲目就暴露无遗。那从废墟中伸出的无力的手臂，那一个个令人心颤的伤亡数字，那充满哀怨的呼救，让我们明白，生命原来如此脆弱。与此同时，包裹在我们身上的各种伪装都在这一刻被撕扯，人性之光绽放出来，灾难因此而成为自然给我们上的最生动也是最严重的一课。生命本有的感受力充分展现，回到生命的原点，以超越格式化的生命本真去感受世界和他人，这一刻，我们比任何时候都意识到个人在灾难面前的无力与无助。我们越过各种俗世的围裹，真实地关切遥远的他者，人与人之间的关系不再是基于利益交换，而是回复到彼此之间基于生命本身的联系。我们终于抛开一切使人疏离的外在差异，用爱与同情，把逝者和生者、受困者与施救者牢固地结合在一起。

此时此刻，灾难像一道闪电，急速地进入我们尚待启明的灵魂，我们的心灵世界得以敞开，原来一个人活在这个世界上，并不仅仅是为了个人，我们并不是孤立的个体，所有的生命都是一个整体，我们活在生命共同体之中，每个人的离开都是自我生命一部分的逝去。正如英国诗人约翰·多恩（John Donne）所说："谁都不是一座岛屿，自成一体。每个人都是广袤大陆的一部分……任何人的死都使我受到损失——因为我包孕在人类之中。所以，别去打听丧钟为谁而鸣，它为你敲响。"（出自《祈祷文集》）

我们在个人一己情怀的利欲世界中摸爬滚打，我们找不到人生的方向，当教育越来越多地成为纯然实现个人世俗生活成功的终南捷径，教育的生命情怀便丧失殆尽。灾难让我们从个人自我满足的圈隅之中惊醒，我们开始瞩目生命的可贵，不只是个人的，还有他人的；不只是亲人的，还有陌生的同胞，他们的生命与我们都是一体的。这一刻，我们真实地明白，生命高于一切。这一刻，我们开始懂得，人活着，其实并不全是为了自己，同时也是为了个人之上的生命共同体。敞开我们对生命的感受力，无条件地尊重生命，这是人类文明的准则；敞开个体向生命共同体的敞开，向他者而生，这是生命的境界。现代教育的生命情怀，由此而不证自明。

(二)以爱来对抗人间苦难

我们常说"苦难是人生的导师"，但我们未必能明白其中的义理,"5·12"汶川地震来临的这一刻,无疑让我们体会得淋漓尽致。苦难的意义正在于生与死的严峻性突入日常生活,从而构成对日常生活习惯的近乎残忍的颠覆,由此带来个体对自我人生样态的根本性反思与重塑。我们通常强调通过挫折教育来磨炼人的意志、砥砺人的心志,但磨炼意志、砥砺心志,只是治标之举,并未触及人的深层次的灵魂和生命样态。一个人何以有坚强的意志,何以能百折不挠地面对人生的种种不幸?一定有其根源性的力量。这种根源性的力量,直接面对着人为什么而活、为谁而活这些构成个体人生最根本的、起始性的存在问题。作为生命存在源动力的,甚至作为生命本体依据的爱,是从自我生命出发的对他者生命的抵达与成全,对一切生命世界的同情与向往。唯有在爱中,我们才得以超越小我的、物化的存在,进入彼此相关的生命共同体之中,我们在心灵性、精神性存在的层面达致生命的共生与共存,向他者而生成为可能。

地震所造成的死难和家破人亡,是人世间最大的挫折。在这样的挫折中,为什么会有那么多生命能在废墟中无水无食物地坚持100多个小时?因为爱。为什么会涌现出那么多平凡人的感人事迹?为什么那些母亲要舍命保护自己的孩子?为什么那么多教师要用生命去呵护自己的学生?同样也是因为爱。凭着爱,数十万的军人、警察、医生、工人,用鲜血和汗水筑起抵抗灾难的长城;因为爱,无数人发自肺腑地伸出援助的双手,献血、捐钱,甚至连乞丐都把自己好不容易讨来的零钱都捐献出来。在这里,灾难极大地激活了我们生命中潜藏的爱意。当灾难把生命原有的一切俗世的支撑化为虚无,爱便成为支撑我们彼此生命虚空的最坚实的力量。

我一直在思考，教育何以可能的根本性基础是什么？想来想去，只能是一个字："爱"。爱是从个体生命自我出发，抵达他人；爱意味着对他者生命无条件地承认。但在以利益诉求为基础的凡常人生之中，这种爱被功用与交往的法则替代，物质的联系遮蔽了彼此之间生命与心灵的联系。在这种遮蔽中，我们麻木的心看不到自己和他人本然的生命和心性，听闻不到自己和他人最真实的心跳，人与人之间失去了爱这一生命之间最根本性的精神联系，而被异化为一种功用化的、物化的联系。平庸的教育生活同样是凡常的日常生活的延伸，每个人被训以适应当下社会生活的基本形式与规则，生存竞争的压力过早地进入教育情景之中，教育不再以激励人与人之间内在的生命联系为根本目的，爱弱化为彼此之间利益的交换，或者是彼此之间不平等的、居高临下的关心，我们现实的教育并没有敞开爱的精神，并由此而引导个体活在爱中。

当地震以残忍的方式使亲历者和见证者，使每一个卷入其中的个体，从彼此之间功用化的联系中解放出来，因为爱心的敞开，我们突然发现，遥远的、在功用化世界中无关的他者，此时此刻，正以生动的姿态进入我们的生命世界之中，那些死难的兄弟姐妹，他们的生与死不再是"他们的世界"的事情，而是"我们的世界"的事情，是跟我们自己的生命息息相关的生命故事，他们的疼痛迅速转化成为我们自己的疼痛。正如一首写给汶川死难的小孩的诗所写："亲爱的小孩/汶川的小孩/睡吧/请永远睡在/我撕裂的心口上"（何立伟：《我在写诗》，《潇湘晨报》，2008 年 5

月 20 日）。此时，灾难就像一把利剑，迅速地斩断我们生命之中的俗世缠绕，呈现出我们的自然人性，以及被悠远文化所浸润的心灵深处的爱意，我们的生命空间因此而充满着亮色和暖意，爱也因此而成为当下我们感同身受的一种不可或缺的生命品质。

从卢安克到蒙志合：不变的是陪伴

早闻卢安克的名字，第一次见到是在 2014 年，岳麓书社楼上的岁时纪餐厅，我邀刘良华、张文质，一起见卢安克，天使支教项目的负责人李磊带他一起来的。

常言"人不可貌相"，但最近我突然明白，人还是可以貌相的。我对卢安克的第一印象就是，这是一个羞怯的大男孩。他年龄与我相仿，一身简便的运动装，高高大大的德国人样子，眼神里满是孩童般的天真，清澈见底，几无杂念。

李磊悄悄地告诉我们，他已经改名，不叫卢安克了，现在叫蒙志合。大家有些不习惯，偶然问及何以改名的原因，不善言辞的他默不作声。因为志合的羞怯和不善言辞，我们的谈话也在断断续续中展开。李磊说，他就是要寻求新的开始，人生的开始。我明白，他是不想带着原来在广西的印记进入湘西，他不想让自己活在过去的卢安克的印记之中。

卢安克，德国汉堡人，毕业于汉堡美术学院工业设计系。1990 年夏天为期 3 个月的中国之旅，改变了他的人生。从 1997 年至今，他在中国广西的大山里已经待了 18 年，辗转多处山村，过着简朴的生活。他在华支教十年，成为 2006 年感动中国候选人。蒙志合这个名字是卢安克2012年年底从越南回中国后，在自己教育网站上用来发布个人留言时起的笔名。回中国后，因为无法排除外界对自己内心已经形成的干扰，造成自己的教学研究无法正常进行，卢安克听从家人的建议，于2013年9月底回到德国。考虑以后可能不再来中国，离开中国前就将卢安克这个名字的使用权留给梦创公益机构，以便用来为天使支教提供项目传播功能。2014年年初，因为无法割舍对中国乡村孩子的感情，卢安克又决心回到中国。这时候，他决定干脆把当初的笔名当作自己的正式中文名，回到中国后在办理各种就业及签证手续时正式做了更名。2014年5月，蒙志合回到中国后直接去了广西板烈小学，因为某些原因不能继续留在学校参与教学工作，他只能改变以往开学在板烈小学教学研究、寒暑假在长沙培训天使支教志愿者的工作方式，而是倒过来，开学后待在湘西支教学校，陪伴支教志愿者及学生，寒暑假再抽时间回广西板烈小学陪孩子，开学前再回到长沙组织培训支教志愿者。

李磊送我们每人一本卢安克的书，以及卢安克编写的《乡村支教手册》，大家谈及他原来写下的教育札记，他淡淡地说，都不记得了。这种话，从别人嘴里说出，自然是谦辞，但从他的嘴里说出来，竟是那么自然。他不仅不想被自己过去的名字束缚，而且不想被自己过去的思想束缚，他是要让自己全身心与当下的湘西孩子相遇，他不想带着他的过去，包括他过去自己的心得进入当下。他要思在当下，确切地说，是要活在当下与孩子交往的世界之中。他拒绝任何空洞的理论预设，哪怕是他自己过去经验的总结提升，他不想带着卢安克曾经的思考进入当下的乡村生活。他是要凭借自己那份难得的纯粹和近乎儿童的天真活在当下，活在此时此地，活在当下与湘西孩子们在一起的每一刻。

改名原本具有偶然性，但这一偶然中却蕴含着某种特别的意义。卢安克代表着过去的支教生涯，更多的是属于广西板烈小学那些孩子们世界中的卢安克，现在他的重心到了湘西，他要一心一意跟湘西的孩子们在一起，他想要尽力摆脱卢安克在他身上的印记，甚至包括他过去说的话，关于孩子的，关于教育的，统统加上括号。此时此刻，他是以一个纯粹的陪伴者的身份进入这一群孩子的世界之中。

李磊动情地跟我们说起天使支教的支教理念，边远乡村真正缺的是教师，是人，不是钱，不是物。当初正是他去板烈拜访卢安克，说起一路看到的修建得漂亮的希望小学，卢安克提醒他，"其实很多学校都空了，因为没有老师给学生上课。""现在村小老师往乡里学校跑，乡里老师往县城跑，县城老师往大城市跑。留在村小的几乎都是当地的一些年纪较大的民办代课教师。"他才真切地意识到，留守儿童需要的是人，而非物。教育的中心是人的陪伴，而非漂亮的房舍，尽管安全舒适的教学楼也是必要的，但却不是根本的。

世上何来留守儿童？儿童原本是相对于成人而言的生命存在，因为父母外出，缺席于儿童的成长过程，成人不再作为儿童成长过程中的生动他者，留守儿童的儿童性就被大大弱化。正因为如此，他们更需要的是真诚接纳、包容、理解，贴近他们的生活，陪伴他们的成长，让他们找回自我生命中的儿童性，孕育他们身上的属人性。虽为留守儿童，但他们都是活在世界之中的人，活在乡村世界中的人。他们需要的是以属人的方式生活、成长。他们不是施予的对象，他们需要的不是我们的施舍、垂范、怜悯，而是人与人之间的陪伴，是我们跟他们在一起，准确地说，是我们在一起，我们和他们共有一个世界，不分彼此。

孩子们原本生活在属于他们的乡村世界之中，比之于外在的世界，他们确实匮乏，但他们依然能在他们的世界中找到自己生命的欢乐。一旦我们的支教纯然只是以某种优越性揭开了他们世界的不足，让他们意识到他们世界的匮乏，反过来，当他们带着这种匮乏感而生活的时候，他们就难免对周遭事物的态度发生转变，原本能带给他们欢乐的事物也难免变得晦暗。这样的结果很可能是他们一方面找不到更好的出路，另一方面他们又从既有的生活世界之中找不到原有的快乐。正因为如此，他们真正需要的是有人能跟他们一道，陪他们一起进入那个世界，感受那个世界的欢乐与疼痛，一起去在生养他们的土壤中寻找、创造生命的意义，也让他们在人与人的彼此温暖之中真实地获得自己的属人性。

我问及蒙志合来中国的理由，他的回答同样简洁而耐人寻味，他喜欢乡村孩子，只有跟乡村孩子在一起，他才觉得舒适，而德国已经没有乡村。我一下子就明白了，这个世界过于繁杂、纷扰，容不下他如此纯粹的心灵。只有乡村孩子的纯净，才能让他找到家园感。他之所以能不远万里，到中国偏远的乡村，几无实际回报地跟孩子们摸爬滚打在一起，那就是他安顿自我生命的方式。这个表达或许依然不够准确，过于僵硬，严格地说，他从不执着于我们常言的自我，他既不是带着一个先见的自我进入孩子的世界之中，寻求与孩子世界的一致；也不是有意识地通过跟孩子们的交往来找寻自我，建构一个自我，他就是如此安然淡定、快乐自如地活在孩子们的世界之中，就像盐，撒在乡村孩子的世界中，或者融化在乡村孩子的世界中。

李磊告诉我们，志合害怕被人宣传，被人崇拜，尤其害怕别人对他的期待。他不喜欢提升自己影响力的事情，觉得影响力越大，就会让自己活得越不自由。为此，他来长沙前，专门发来强调自己工作范围的短信和邮件，"能帮你们做的有：研究留守儿童与志愿者的关系；交流帮你们去观察某事情；共同完成某些做法……不能做的有：以扩大影响力为目的的事情；公开出面……"他诚恳地写道："我非常高兴终于找到一个又需要我，又能让我完成自己使命的组织。但一定要注意：我不能参加以扩大影响力为目的的事情，你们也不能用我的名字去做有社会影响的事情。"这就是志合，他活得如此纯粹。他并无意于创造典范，但他确实给我们提供了如何走向乡村孩子抑或是如何走向一切他人的最好的阐释。

我突然明白，在志合那里，关爱留守儿童不是一个社会问题，而是一个人性问题，是关乎自我的个体性生命的问题；不是带着城里人的悠然，给作为遥远而陌生的他者的乡村少年送去温暖，而是不远万里，找寻自我生命的出路。正因为如此，他才能了无痕迹地融入乡村孩子的世界，聆听并成为其中的喜怒哀乐的一部分。他不想着改变乡村孩子，恰恰改变静静地发生；他不想着担负何种责任，责任自会真实地生长。

从卢安克到蒙志合，变的只是一个外在的符号，不变的是生命的陪伴。一个来自德国的异域青年，凭着他天性的真纯与良善，几无挂碍的走向广西板烈小学的孩子，走向湘西山区的少年，他远远地走在我们前面，走向原本生于斯长于斯的吾乡吾土的孩子，融入其中，鱼水难分。我们与乡村孩子的距离，说远就远，说近就近，非关国籍、肤色，只关乎人性。

忏悔就是忏悔

读了朱寿桐写的《忏悔的随想》(《读书》2001 年第 9 期)，我也有些"随想"，感觉不吐不快。我毫不怀疑曹禺先生他们那一代人的伟大，"过去时代的骄子"，"心地善良"，"首当其冲地承担这个时代的罪愆"，不怀疑他们当时的两难处境，"这些事情相对于一个当时失去了任何政治责任能力的知识分子来说都是不得不然的"，引我"随想"的问题是，究竟什么是忏悔？

忏悔乃是微茫个体以卑微之躯去贴近宽厚的大地，以虔敬之心穿过自身的光辉与荣耀，以朴素之质去挖掘心底那隐秘的污垢之所，在无须任何外力强迫之下，把它们如其所是地一一彰显出来。一个人的忏悔不应夹杂太多的怨恨情结，心里总想着人家如何如何，忏悔就成了大比拼。忏悔的姿态不是伟大，而是平凡；不是天马行空、口若悬河，而是脚踏实地、实实在在；不是"作秀"，赢得满堂喝彩，而是清静地独自直面自我人心，默默地叩问自我灵魂；不是让渡他人，而是拯救自己。"昨夜西风凋碧树，独上层楼，望断天涯路"，"衣带渐宽终不悔，为伊消得人憔悴"，"众里寻他千百度，蓦然回首，那人却在，灯火阑珊处"，这是不是也说了忏悔的境界？

忏悔总是因为有过去的某种负疚，无"疚"而忏悔，那是矫情，但忏悔并不是，或者说并不只是对过去的某种回忆，而是承负过去的"疚"，把过去的"疚"视作当下之"我"的无法弥合的"欠缺的道德承负"，而绝不是选择忏悔来勾销过去，就好像拒绝忏悔者通过遗忘来勾销过去一样，换言之，真正的忏悔显明的只是"我"过去的负"疚"，以及因"我"过去的"疚"而显明的作为个体生命之"我"的当下的歉然。真正的忏悔以忏悔为目的，说白了就是通过忏悔来昭示世人，"我"是一个负"疚"的存在，那是"我"身上背负着的"重重的壳"。真正的忏悔者决不会以所谓真诚来给自己的过去抹上一层朦胧金色的光辉，来作为抚去自己内心创伤的良药——苟如此，则忏悔就成了手段、工具，那和拒绝忏悔者又有什么质的区别呢？

忏悔总是因过去的"疚"而起，但忏悔所面对的不仅是过去的"疚"的事实本身，而且要面对那造成过去的"疚"的自我人性中的欠缺，那曾存在于过去、绵延到今天、还将无限延及将来的人性之中的恶，面对人性之中的猥琐、卑微、丑陋、灰暗、麻木、怯弱、贪婪、嫉恨、仇视。忏悔所要显明的绝不只是一时的歉然，也不只是当下的歉然，而是隐藏在人性之中的恒在的歉然。真正的忏悔不是给人性高唱赞歌，而恰恰是承认并且担当人性之中的恶，从而时时警示、鞭策、反省自我，提升自我。在此意义上，忏悔乃是超越时代的，是人所共需的，透彻地说，忏悔乃是一种作为人必备的精神品质之一。

对于巴金、曹禺等从那个年代过来的受人尊敬的老人，由于身处各异，实际上我们并没有什么资格去要求他们忏悔，但他们却主动选择了忏悔，这显明他们意识到了他们无法回避的属于他们自身的"疚"，尽管确实有更多的人远比他们更应该忏悔，但他们选择的不是指责、攀比，而是承担，承担那份曾经属于他们的"疚"，并把过去的"疚"视作他们今天生命中的一部分，而且是年迈之躯无法释怀的重负。这种重负要显明的恰是他们的平凡，他们自我在努力追求的平凡——以质朴之身去贴近那宽厚而仁爱的大地。他们不是圣人，他们只是人，他们同样无法免于生命之中的道德欠负，他们也决不想摆出一种众人皆醉我独醒的姿态，这才是他们的真诚与伟大之所在。换言之，他们的伟大只是在于他们的忏悔本身，或者说他们忏悔与负疚的勇气，而不是因为原本有人比他们更应该忏悔却没忏悔，而他们反而忏悔了。真诚的忏悔不需要比较。

我曾读到李锐记录下来的这样一个故事：有一伙德国的年轻人在地铁车站上喧哗不已，喧哗得有点过了头。于是有一个白发苍苍的老人上去批评。想不到年轻人忽然沉下脸来厉声厉色的回敬到，"你们这一代人有什么资格来教训我们！"言外之意，"你们这群选举了希特勒上台的人，有什么资格对我们的道德和行为指三道四?"那位苍苍老者顿时哑然，无言以对。任何人都不是孤立的存在，作为社会、历史中的个体，置身其中的恶，怎一个"清白"了得? 面对社会、历史中的恶，我们的沉默、逃避、退让，乃至无意中的援手，又何尝不是对恶的认可，甚至同谋，何尝不是一种恶? 当我们曾经充当受害者角色之时，我们又何尝未曾有过有意无意地扮演施害者的角色? "我不杀伯仁，伯仁因我而死"。当我们冷静地面对过去，面对今天，我们怎能简单结论，谁更应该忏悔，谁可以少忏悔一点，谁可以免于忏悔，尤其是对于远缺乏忏悔品质的吾土吾民而言？

读朱文，我总感觉到其中辩护性的文字太多，原本忏悔的真诚反而被变得牵强。那些"不得不然"的事情果真就是纯然无"疚"的么？既然无"疚"，又何必因之而起忏悔之心？人世间有多少"不得不然"的口实啊，甚或每一个人、每一件事都可以为自己的失职、失足、失格找到"不得不然"的借口，苟如此，人世间的恶该不该有人承担？这样说并不是苛责于曹禺老人，只是想表达我们究竟应当怎样看待他人的忏悔，尤其是名人大家。朱文中的美誉之辞、解脱之语，本意在显明曹禺先生的伟大、善良，但给人的感觉却有些画蛇添足。在我看来，忏悔就是忏悔，是忏悔就不需要过多的溢美之词，要么就只能是回忆录、辩护记、倡议书，或者控诉状之类，而不是忏悔。

正好读到巴金老人一篇《怀念从文》的文字，其中饱含着历史的沉痛和忧伤，但更多的是对无法排弃的生命中的欠负的深深自责，没有丝毫的牵强："我还记得兆和说过：'火化前他像熟睡一般，非常平静，看样子他明白自己一生在大风大浪中已尽了自己应尽的责任，清清白白，无愧于心。'他的确是这样。我多么羡慕他！可是我却不能走得像他那样平静，那样从容，因为我并未尽了自己应尽的责任，还欠下一身债。我不可能不惊动任何人静悄悄离开人世。那么就让我的心长久燃烧，一直到还清我的欠债。"读着这样的文字，除了深深的敬仰和切切的忧思，还能有什么？

儿童世界对成人世界的胜利

——兼谈司法的本质

这个事件一出来，我就在网上浏览到了。一开始并没有太多的思考，一次在的士上又听到这个事件的报道，正好跟我最近对教育的思考意向有些关联，就自然想深入思考其中的意蕴。思来想去，这个事件应该是当代中国社会一个值得反复考量、回味珍藏的典型案例。

让我首先把这个事件详叙如下。

张某于 2007 年 1 月 27 日驾驶租来的面包车邀约余某预谋绑架，次日 19 时 30 分，二人开车到呈贡县一小学附近，见到 8 岁的小朱、9 岁的小杨和 7 岁的小段三个小男孩后，便说要带他们去买鞭炮，将他们骗上了车，带到玉溪市区。而后，余某问到小朱父亲的电话，就打过去称孩子在他们手上，索要 15 万元赎金。随后，二人又把孩子带到晋宁县大山上，由余某在山上看守孩子，张某返回玉溪，查看赎金是否到了银行账户。

接下来，这件本来普通的绑架案发生了戏剧性的转变。由于张某和余某并没有使用暴力，三个天真的小孩直到被带到山上，还不知道自己已经被两位"叔叔"绑架。调皮的孩子们甚至还爬到余某的身上，与他开心嬉闹。此时，余某想到了自己的孩子："如果我的孩子被人带走了，我会成什么样?"余某在法庭上说道,"他们的父母一定很伤心,三个小孩实在是太可爱了。"

在后来的矛盾与挣扎中,余某拿出矿泉水和糕点,给三个孩子吃,"叔叔,你也吃一点吧。"当一个孩子这样对他说的时候,孩子们的天真与无邪彻底击垮了余某的心理防线,消散了他心中的犯罪欲望,他决定放孩子们回家。因为担心孩子们太小,路上有危险,余某先一字一句让孩子们背熟了回家的路线,又叮嘱年龄较大的小杨照顾两个同伴。最后,他掏出了身上仅有的 20 元钱,交给了孩子们。

"叔叔再见,有空到我们家玩。"三个天真烂漫的孩子恋恋不舍地道别后,坐上了回家的中巴车。直到看着三个孩子上了回晋宁的车,余某才返回了山上。三个孩子顺利回到了晋城镇,在步行回家的途中,他们意外地与家长相遇,结束了他们的"冒险"之旅。

随后,陪他们"玩"了 10 多个小时的那个"叔叔"与同伴被警方抓获。在法庭上,张某和余某对绑架的犯罪事实供认不讳,但他们不认为自己的行为是绑架,而认为仅仅是敲诈勒索而已。"我真的没有想过要伤害孩子。"余某在陈述中几度哽咽,"送孩子走的时候,我还告诉他们千万别和陌生人说话,我就担心他们太小,再遇到像我们这样的坏人。"

在合议庭商议之后,审判长当庭对张某和余某做出宣判。法庭认为两名被告人主观有绑架勒索的故意,客观上剥夺了被害人的人身自由,并且造成了被害人近亲属对孩子人身安危的担忧和焦虑,严重破坏了社会秩序,而送孩子回家的行为是犯罪后对被害人处置的后续行为，是悔罪表现，但仍然构成绑架罪。被告人张某在绑架犯罪中处于主导地位，且系累犯，犯绑架罪，处以十年零六个月有期徒刑，并处罚金3万元，犯合同诈骗罪（另一案），处以一年零六个月有期徒刑，并处罚金3.5万元，两罪合并执行11年有期徒刑，并处罚金6.5万元。而由于余某在绑架案中处于从属地位，且有悔罪表现，依法减轻处罚，处以六年有期徒刑，并处罚金3万元。

我们先来讨论事件的前部分。

两位犯罪嫌疑人因为利益的追逐萌发绑架小孩子以求勒索的心机，并付诸行动，这是成人世界力的泛滥与力的方向的迷失。说得更直接一点，他们实际上是以力取胜的成人世界的代表，只不过因为他们没有去寻找力的正当实现的路径，来获取个人正当的利益。他们对小孩子的绑架乃是成人世界对儿童世界力的胜利，小孩子轻易地就成了他们手里的筹码。他们的迷失在一定意义上，是整个成人世界在力的迷失中的表现，或者说是成人世界对利益的追逐与对力的信赖压过了对爱的追求与对德性的信赖。这个问题实际上乃是当代社会的突出问题，强力对德性的绝对优势，乃是成人世界普遍的生存状况的基本特征。

而小孩子天真无邪的表现却正好唤起了成人世界尚未完全淹没的爱心。小孩子的自然、纯洁、天真正好为迷失中的犯罪嫌疑人的世界指明了方向，说得更极端一点，就是在为以那两位犯罪嫌疑人为代表的成人世界指明方向，于是犯罪嫌疑人的力量没有用在如何勒索上，而是转变成如何让小孩子顺利回家。正是小孩子的童心世界成功地教化了成人世界被利与力完全占据的心，从而使他们回复到正常人的存在，回复到爱与德性的存在。

在这里，我们可以清晰地看出当代社会教化的两大基本主题：一是个体在力中的迷失与爱对力的拯救，因而重新回复到对存在德性的关注，乃是当代教化的核心主题；二是教化的基础与起点乃是人性的自然，童心无疑是人性自然的最真实的表征。与此相关的一个主题就是当代教育中究竟什么是真正的儿童本位、儿童立场、儿童世界？儿童本位的关键在于童心。保卫童心，保卫童年，乃是避免当代人迷失人生方向的基本资源。

正是在这个意义上，这个事件就成了以成人世界为本位的当代中国社会中，儿童世界对成人世界的真正的胜利——不是力的胜利，而是爱与自然的胜利。

我们再来分析事件的后部分。

每个人要为自己的行为承担责任与后果，显然，这两位犯罪嫌疑人应该受到法律的制裁。法官判定两人犯有绑架勒索罪，罪名成立，并判处相应的徒刑。我并不是学法律的，也不熟悉法律条文，但就我对法律的理解，司法决不仅仅是法律条文的简单实践。这个事件中的审判者显然更侧重具体的、实体的法律条文，而没有深入理解法律的实质。

法律制裁的意义有两个基本方面：一是对事实本身的惩罚；二是对人性的矫正。换言之，司法的本质一是治事，二是救人。在治事这个方面，法官本着专业的熟练，应该是没问题的。问题就出在救人这一方面。之所以要判处几年徒刑，是因为当下的犯人会对社会构成威胁，需要通过极端规训化的监狱来改造他们的人性，达到重新社会化，从而能在社会中正常地做人。显然，在这个事件中，犯罪嫌疑人其实已经在小孩子的童心面前被彻底改造，至少是被部分改造。换言之，他们后面放小孩子走并再三叮嘱的行为本身，就是一个正常的社会成员的富于德性的行为。所以，法律的审判对于他们而言，应该只是对他们曾经犯下的过错承担责任，而不需要过度惩罚，以消除他们对社会的危害。相反，如果过度惩罚，本身就会在救人的方向上走向相反的轨道，因为我们对他们判决的严重相反会加重他们对社会的对抗，使他们走向法律所期待的人格的反面，这就背离了法律的目的，因为他们本身的人格与行为已经回归社会的常态。所以，在这个意义上而言，他们应该从轻判决。

而且，如若我们仔细分析，就会发现，如果从最直接的受害人出发，这个事件中的绑架行为其实仅仅是一个开端，也就是诱拐孩子上车带走，其后并没有对孩子实施任何构成他们身心伤害的行为。实际上，尽管他们主观上构成了绑架的意图，但实际的过程并没有对受害人构成真正的伤害，包括身心的伤害，整个事件中的受害对象只是孩子的父母，他们的受害主要是精神的伤害。所以，实际上，如果我们惩罚过度，原本没有对孩子们构成的伤害恰恰可能在事后发生，因为三个孩子周遭的环境很可能会让他们知道，原来他们被绑架了，那几个叔叔对他们而言其实是很坏的人，从而使他们原本没有阴影的心灵世界产生真正的阴影，导致伤害发生，而这里的伤害并不是犯罪嫌疑人直接给予的。深入细致地分析整个事件的过程，我们就会发现，如果这个案件定位于绑架，应该是绑架未遂，至少就孩子们而言是如此。退一步而言，由于整个事件的实际伤害对象只是孩子们的父母，所以判决显然应该从轻。量刑过度，本身就可能产生怨恨、破罐子破摔等反社会心理，而催生、加剧社会犯罪行为。而且，量刑过度本身就是不正义。

古希腊神话中的正义女神是蒙着眼睛的，她审判案件靠的是良知和良心，对外界的所有诱惑，她都视而不见。这个古典的故事有着深刻的寓意：真正正义的审判需要法官打开心灵的眼睛，直接地悟对正义，而不是简单地盯着世俗的意见。如果法官过多地受制于现实的羁绊，沉溺于对法律条文的简单记诵，就很可能会迷失自身通向正义的路径。我们今天的法律教育可能恰恰是现实的、世俗的，而不是理念的、超越的。这大大局限了我们的社会伸张正义的可能空间，甚至，许多时候，我们可能是借着正义的名义恰恰做的是不正义、远离正义的行动，这会使得我们的社会离正义越来越远。这是需要我们每个人警惕的。真正的正义并不是现实利益的简单均衡，而是理念世界的和谐与秩序，正义的实现需要的是我们心灵的眼，而不单是肉身的眼，恰恰肉身的眼看到的只是世俗的利益与法则，看不到超验的正义本身。

有这样一个故事：

一位母亲因贫穷在超市偷了食物给她的孩子们吃，结果被超市保安抓到起诉到法院。经审理，法官是这样宣判的："这个女人因盗窃有罪，判罚 10 美金，而我们社会里还有这样一个母亲需要靠偷窃来养活儿女，在场的每一个人都因为我们的冷漠而有罪，每人判罚 1 美金。"法官说完，第一个站了起来，掏出 1 美金放在桌上。在场的每一个人都震惊了，人们排起长队，缴出了每人终生难忘的一笔罚金。

这个小故事告诉我们，司法其实是一门艺术，是一门敞开我们生命世界的另一扇窗口的艺术，是一门打开我们日常生活、世俗生活通往正义与美好的理想之窗的艺术，是一门惩恶扬善、教化人心的艺术。我们今天又有多少人明白这一点呢？

建立乡村支教体系的一点想法

记得小时候，我们那里很穷，老听乡亲们说起，邻边学校里的某某老师，知识分子，是什么大学毕业的，戴着眼镜，每天还刷牙。大家议论的好像是一位叫陈清和的老师，记不清是哪个名牌大学毕业的，下放在我们乡中学教书。在乡亲们心中，他是一个猜不完的谜，大家对他挺崇拜的。

20 世纪六七十年代的知识青年下乡，无意中给农村教育带来了短暂的辉煌，在那个特殊年代的特殊的教育情景中，部分乡村少年感受到了一种颇具新鲜的良好教育的滋味。一个人在年少时期，能有一段刻骨铭心的教育经历，哪怕是极为短暂的时光，对于一个人的内心世界而言都是极为珍贵的，跟那种从未有过美好教育经历的个人总会有某种相同，这种不同，可能影响一生。柳青在《创业史》中曾写道，"人生的道路虽然漫长，但关键的时候往往就是几步。"年少时候的那几步，恰恰是最容易成为人的一生中关键的几步。这样说来，怎样让乡村少年在关键时期，能够享有某种更优秀的教育经验，对于他们一生的发展，也许是十分重要的。

当然，我们这样说，决不意味着从农村教育的视角来美化那段畸形的历史，但它却可以提示我们如何更深入地关注农村教育的问题。我们关切的问题是，在今天，在社会越来越多地关注农村，关注农村教育问题的时候，我们究竟应该关注些什么？毫无疑问，首要的问题是，让每个孩子都有书可读；对于有书可读的乡村教育而言，我们所要关注的是，是否还应让他们受到更好一点的教育呢？我们现在更注重的是硬件设施的投入。可是，好的硬件设施，并不构成好的教育。在投入硬件的同时，以合宜的方式投入优秀的人力资源，也许是更关键之所在。

就目前而言，要在短期内实现农村教育师资条件的根本好转是不可能的，但我们通过适当的方式建立支教体系，实行城乡教师资源的有效沟通，建立双向联系，让城镇学校给乡村学校教师培训提供机会；建立新任教师，甚至包括更广泛一点的大学毕业生，还可以涵括各种志愿者，支教帮教的体系，国家给这些教师提供尽可能的帮助和条件，鼓励他们以适当的方式，适当的时间段，深入农村一线，扶持乡村教育。北京的不少大学生志愿者对民工学校的帮助支持，就是一个良好的尝试。

我们的支教，可以是一个月、半年、一年，或者更长一点；教学形式也可以多种多样，甚至对于贫困乡村的孩子而言，即使不系统地上一门课，只要更多的跟学生接触，也是一种可贵的教育经历。短期的支教，对于支教者而言，并不会构成很大损失，还可以给自我人生增加一份乡土经验。但对于乡村孩子来说，则可能成为一段非常有意义的经历，成为他们重要的精神生活资源，凭借与外来教师短暂的相遇，打开他们通向外面世界的另一扇门扉，甚至可能成为他们人生的转折点。

面对我们生命中"平庸的恶"

在网络上浏览到这样一则报道，事件的经过大致如下：

2005 年 13 日晚 9 时 30 分许，北京同仁医院急诊走廊，来京找工作的 37 岁齐齐哈尔人王建民因无钱治病，在离急救室 10 米外的厕所旁嚷着"疼、救命"声死去。事前，120 救护车曾两次送王到该院。同仁医院急诊主任称，之前为王检查没有生命危险情况下，医院不便给患者垫钱而拒绝治疗。后病情加剧王再次被送到了同仁医院。经过检查后，医生对民警说没有生命危险，钱送来了才能治疗。随后，王建民独自躺在担架上。13 日凌晨王在一楼走廊里不停喊疼和救命，"病人都没法休息，也没医生管他。"知情人称，当晚 7 时 30 分，王躺在厕所门口的担架车上不停地喊"疼、救命"，大口大口吐黑血，走廊墙壁上都是血点。后来医院保洁工把血迹擦干净。晚 8 时 30 分许，一楼一名护士怀疑不再喊疼的王已死亡，通知了一名保安。保安立即通知了有关医生，随后两名医生检查确认王建民死亡，立即报警。东城东交民巷派出所民警很快赶到了现场。

　　表面上看来，这个事件中相关的每一个人都在按部就班地做着各自该做的事情：120急救车一次次送病人来、医生照例检查、民警也不时到场，还有旁人不时关切性的围观。好像这个世界的每个人都在尽各自的责任，但就是没有一个人真正把他当成一个人，一个有着生命危险的垂死的病人，因为他的生命与其周遭的每个人都没有实质性联系，大家都只是履行公事，尽各自的职守。一个活生生的人终于在离急救室10米外的地方，在所有人的尽职尽责的关注中眼睁睁地死去。

　　这件事情发生在一个以"救死扶伤"、呵护人的生命为天职的神圣的地方，发生在以文明、人道自居的当代所谓现代或者后现代社会，简直就是一个巨大的讽刺。这件事情让我们首先看到的是社会弱势者在生存边缘的无奈与无助，即我们的社会远没有建立起一种弱势者基本生存权利的机制，或者可以说我们的现行体制对于弱势者而言就是不道德的体制。医院作为立足于市场经济之中的主体，以追求自身正当利益为目标，在社会没有给医院提供必要的保障机制的过程中，要求医院来承担救死扶伤的义务似乎有些勉为其难。所以，在这件事情中，医院只是作为这种体制的忠实实践者，可以堂而皇之地为自己的不作为提供道德的辩护。正因为如此，问题的关键在于体制的改良。但这只是问题的一个方面，现行的并不道德的机制毕竟是由一个一个的人来承担，是一个一个的人在面临着一个生命垂危的同胞，体制的遮羞布无法掩盖个人德性中的冷漠与缺失，体制的缺陷并不足以勾销个人道德上的过错，我们每个人毕竟是作为能动的个体而存在，而且体制本身的完善有赖于个人德性的努力。也许，这是一种无过错或者说可以推卸过错的过错，但正是这种可以推卸过错的过错，构成一种我们日常生活中的"平庸的恶"。

20 世纪 60 年代，阿伦特在《纽约客》上发表了一组题为《艾希曼在耶路撒冷：一篇关于平庸的恶魔的报告》的系列文章，她提出了一个非常富有启示性的观点，即像艾希曼这种组织实施大屠杀的纳粹军官，具有的只是"平庸的恶"，比如顺从和不负责任。艾希曼是犹太文学、美术的爱好者，熟悉犹太经典，从 1937 年起，一直被认为是犹太人问题"专家"。这个双手沾满了犹太人鲜血的"杀人魔王"，他本人并不是通常所说的"反犹主义者"，尽管他 1932 年就加入党卫军。在法庭上他诉说不是自己决定加入国家社会主义工人党，而是"被吸收"进去的，他甚至连希特勒的《我的奋斗》都没有读过。他对意识形态不感兴趣，很少和别人谈论流行话题，包括种族歧视的话题，严谨、勤奋、努力帮助他实现了自己的目标。他的特点是精明强干，从不失手，为了完成一个目标，他会以最大意志、尽最大努力排除一切困难。从 1938 年到 1941 年，他负责驱逐在德国的犹太人，1941 年到 1945 年，他负责运送整个欧洲的犹太人以及波兰人、斯洛伐克人、吉普赛人去死亡集中营。1944 年 3 月在德国已经溃败的情况下，艾希曼到了布达佩斯，组织向奥斯威辛的运送。1944 年 3 月 15 日起，他和他的部下经常每天把 1 万人送到指定地点。此后四个月中，他组织运送了 70 多万犹太人。乃至到了战争快结束的时期，火车车皮不够用了，艾希曼便让被捕者自己步行走向死亡营。此时匈牙利的犹太人组织已经多次和纳粹当局秘密交易，讨价还价，用金钱和财产换取犹太人的性命，但是艾希曼从来不参与这样的交易。他认为那样做"违背自己的良心",也就是说,他的"良心"要求他每天将成千上万的人类成员送到指定的死亡之地。

据说,艾希曼也曾经有过不适应。一次他的上级要求他提供死亡报告,他因为不愿意去现场目睹惨不忍睹的场景,而提出辞职报告(在审判法庭上他说自己会"恶心"),他的上司缪勒回答:"服从命令是军人的天性。"因此,他仍然坚守岗位。实际上他的工作也主要是在办公室进行,他直接打交道的是各种文件、电报、电话以及红色铅笔,他每天埋头于时刻表、报表、车皮和人头的统计数字。他具体的工作目标是效率和提高效率,衡量他工作成败与否的直接标准是他的运输"能力"。他听不见遇害者惨烈的叫喊,像发明"毒气浴室",也是为了让任何人听不见。借助于先进的现代技术,在纳粹德国统治下,杀人变成了一个工业流水线,被分解成若干个互相分离的单元,在这个流水线上"工作"的人们只是各司其职,做好本职工作,不去过问下一个环节将要发生什么,他们所要完成的像是一个庞大的技术工程。难怪艾希曼为自己辩护时,反复强调"自己是齿轮系统中的一只,只是起了传动的作用罢了"。作为一名公民,他相信自己所做的都是当时国家法律所允许的;作为一名军人,他只是在服从和执行上级的命令。

阿伦特以艾希曼的行为方式来阐释现代生活中广泛存在的"平庸的恶",这种恶是他不思索,不思索人际,不思索社会。恶是平庸的,因为你我常人,都可能堕入其中。这种恶决不仅仅是发生在纳粹集中营,发生在畸形的年代,比如"文化大革命"中大量出现的各种"不得已"的告密、检举、揭发等，它同样以各种形式出现在我们身边，成为我们日常生活中随手可及的恶。把个人完全同化于体制之中，服从体制的安排，默认体制本身隐含的不道德甚至反道德行为，或者说成为不道德体制的真实的毫不质疑的实践者，或者虽然良心不安，但依然可以凭借体制来给自己的他者化的冷漠行为提供非关道德问题的辩护，从而解除个人道德上的过错。这就是现代社会技术化、体制化之中个人平庸的恶的基本表现。

20世纪90年代以来，随着教育回归生活主题的不断提出，贴近学生生活实际、关注个体人生的幸福成为中国教育界的基本主题与强势话语。教育关注个人幸福，这是十分重要的问题，这意味着我们的教育正在慢慢地接近人生的真谛，成为为人的教育，尤其对于我们社会长期以来忽视个人幸福的教育与文化土壤而言，名正言顺地提出教育应该关注儿童幸福，为个体幸福人生奠基，其意义自不可言喻。但一旦关注个体人生幸福成为强势话语，人们对幸福的理解就会不可避免地庸俗化，这必然使得我们的教育在关注个人幸福的同时，由于过多地迎合个人的现实与当下的需要，从而导致教育自身的平庸与肤浅，表面的繁华热闹之中孕育的却是个体人格的萎缩与平庸化。在我们今天的教育中，心灵脆弱、沉迷网络游戏、未成年人恶性犯罪等已经屡见不鲜。当然，导致这些现象出现的原因是多方面的，但确实跟我们当下教育的平庸化追求有着重要的关系，至少我们目前的教育改革实践与先前的教育实践相比，并没有更有效地促进学生积极健全的个体人格的发育生成。

教育必须关照个体人生的幸福，唯其如此教育才是属人的、人性的，但教育决不能限于个体当下世俗生活的幸福，否则我们又可能陷于柏拉图所言的"猪的城邦"的教育迷雾之中。教育必须开启人的理智之光，不断敞开人的视界，在关注个人幸福的同时也关注他人和社会的公共福祉，把个人引向与他人和社会的共在；教育必须立足个人，又能超越个人的原子式生存，在不断启迪人的理性精神的同时，把个人引向对社会正义与个体德性的双重关注，从而使得个人可能不断超越自身的局限，追求人性的卓越。唯其如此，我们才可能不断超越那正在我们身边蔓延的平庸的恶。

在此意义上，教育对人生的幸福的关注绝不是软绵绵的日常生活幸福的轻言允诺与当下的简单兑现，而是如何引导个人在现实的国度、现实的世界里，在此生此世，担当起自我人生的责任与使命！前者更多地涉及个人与他人和社会、民族、国家的关系，后者则涉及个人与世界、无限、心灵自我的关系，一是社会世界的积极参与，一是心灵世界的自我安顿。而这一点，也许正是我们教育品格低下、教育灵魂缺失的关键所在，也是我们时下的教育改革远未触及，或者想触及却在一片花哨与热闹之中被遗忘、被冷落的基本主题。

眺望卓越的人性之光

当今世界最伟大的人是谁？盖茨？他用伟大恐怕不合适，合适的词是杰出。巡视寰宇，在我看来，当今世界，最伟大的人首选曼德拉。

不懈地追求自由与正义，始终以人性的良善来对抗周遭肆虐的恶，这是曼德拉生命存在的基本品质。这使得他的行动远远地超越了个人、民族、国家，而站在了人类的巅峰。

一个典型的事例就是他在监狱中的行动。曼德拉说："监狱就是要摧毁你的精神和决心，为此目的，监狱当局企图利用你的每一个弱点摧毁你的所有念头、消灭你的全部个性。他们就是想扑灭我们每个人保持人性和本来面目的火花。"监狱作为现代世界最不需要人性、最没有人性的规训场域，曼德拉却以他的人性的力量照亮了监狱的黑暗。监狱长是实施监禁制度的代表，但在所有的日子里，只要监狱长刚巧站到不远处，曼德拉总是用友好的姿态和和蔼的言语问候他，也不会忘记问候他的太太和孩子。对于狱警，曼德拉说："我们认为，所有的人甚至监狱里的狱警，都可以改变，所以我们要尽最大努力，设法让他们改变对我们的看法。"就是这样，曼德拉真诚的态度甚至令粗野的狱警也终于有所收敛。曼德拉被监禁了 27 年，狱警格雷戈里负责监督了 20 年，最终成为倾心帮助曼德拉的真诚朋友。

曼德拉长期受白人统治，但他所期待的社会却并不是黑人统治。他这样说："我与白人统治进行了斗争，我也同样反对黑人统治；我珍视实现民主和自由社会的理想，在那样的社会里人人都和睦相处，拥有平等的权利。"在与种族主义政府进行的谈判中，曼德拉的精力不是花费在控诉白人，而是尽最大诚意表达："南非属于一切居住在南非的全体人民，没有黑人和白人之分。"他的目标很明确，就是要以人性的力量，以爱，来消解人与人之间的仇恨，以正义引领人心。只有每个人，不分白人黑人，大家都真正平等地以人的名义站在一起，永久的和平才有可能。他期待之中的社会不是取而代之，而是：只要有一个人不自由，这个社会就不自由；只要我们心中还有着仇恨与暴虐，这个世界就不会有平等。

曼德拉对监狱生活的另一个伟大的改造，是他把监狱变成了真正的大学，在那里，狱友们的灵魂变得智慧而高贵。曼德拉攻读伦敦大学法学学士的课程，直到被监狱当局禁止；他攻读商学士；后来他还自学阿非里卡语，并通过六级考试；1981年，服刑17年的曼德拉被提名为伦敦大学名誉校长候选人，得票达7199张。曼得拉的狱中伙伴同样创造了令人惊叹的学习成果：被难友们称为哲学家的戈万·姆贝基，在服刑期间竟然获得3个学位；比利·奈尔、阿迈德·卡特拉达、麦克·丁加克和艾迪·丹尼尔斯获得了多个学位。曼德拉和他的狱中伙伴使"罗本岛大学"载入人类争取生命尊严的光荣史册。

孔子曾提出过以直报怨和以德报怨，曼德拉显然不属于以直报怨的那种，也就是以牙还牙、以怨报怨，而应该是以德报怨，即以个人的厚德来报答他人加于其上的仇恨。但曼德拉实际上并不全是孔子意义上的以德报怨，因为以德报怨预设了个人德性之于对方的优越性，我们是以一个高德之人宽容作为低德或者失德者的对方。这样，双方在起点上就是不平等的，而这，并不是曼德拉想要的，他要的是每个人德性起点上的平等。唯其如此，我们才可能激发彼此对于人性的尊严的渴望，以及基于人性尊严的平等的渴望。在曼德拉这里，个人自我德之高低并不是他的关切，他并不是要以高道德者的身份傲然屹立在南非的社会之中，或者以道德审判者的姿态站在所谓"敌人"面前，他是要让每个人，白人和黑人，压迫者和受压迫者，彼此共同地看到自由与正义的光芒，看到自我人性之中的良善，看到美好未来在个人内心中的萌芽。曼德拉并非以一己私德之高蹈面对社会，而是以良善的人性之光面对黑暗。他广阔的内心装的不是自己，而是自由与正义。

我常常自愧于周遭人性的狭隘，这跟我们的经世致用的文化传统有着密切的关系。我们习惯于站在个人或者个人所代表的某个团体的立场来思考，我们从来就不习惯于从彼此的分隔中站出来，站到人类心灵的巅峰，从而使我们能超越狭隘的一己或者一团体之私心，而站到卓越人性的高度。正因为如此，今天，当我们的社会迅速地进入以经济为中心、以消费主义为基本生活意识形态的时代，对个人或团体利益的汲汲欲求轻易地盖过了民族、国家乃至人类的大义，盖过了我们对良善人性的渴望，有用性成为压倒一切、检验一切的尺度，这大大降低了我们民族的精神高度。当我们热心于向世界展示我们多么强大，难道不也是在显明我们内心的某种虚弱吗？

1994 年 5 月 10 日，纳尔逊·曼德拉宣誓就职总统，在万众瞩目的就职演说中，曼德拉终于能够自由地表达他最为珍视的人性价值："这异常的人类悲剧太过漫长了，这经验孕育出一个令全人类引以为自豪的社会。作为南非的一介平民，我们日常的一举一动，都要为南非创造现实条件，去巩固人类对正义的信念，增强人类对心灵深处高尚品德的信心，以及让所有人保持对美好生活的期望。""我们已成功地让我们千千万万的国人心中燃起希望。我们立下誓约，要建立一个让所有南非人，不论是黑人还是白人，都可以昂首阔步的社会。他们心中不再有恐惧，他们可以肯定自己拥有不可剥夺的人类尊严——这是一个在国内及与其他各国之间都保持和平的美好国度。"

曼德拉不仅仅是属于南非黑人的，它属于整个南非。曼德拉也不仅仅是属于南非的，他的精神与思想代表着我们这个时代的高度，它属于整个世界。

（本文所引事实来自张仁瀚《曼德拉：自由就是他们的报酬》一文）

好的教育即人味与文味的完美结合

——2012 年 1 月 12 日在咸嘉博才小学的讲演

今天，很高兴能在岁末参加大家的交流活动，感觉这里的交流氛围非常好，可能是大家生活得比较如意的缘故，不时地听到老师们爽朗的笑声，感觉这里始终洋溢着一种人的味道。

本来陈校长要安排两位老师去参加外面的一个会议，这两位老师都舍不得走。我想不想走的理由就是这里的交流氛围不一样，舍不得这里浓浓的人的味道。那边是去听领导报告，领导一般是不讲人话的，领导讲的都是官话（大家大笑）。当然，不包括我们的陈校长，我们的陈校长还是经常讲些人话的（又是大笑）。

我今天独自开车到校门口，陈校长打电话来，说还要几分钟到。我就一个人走进来，闲逛。感觉校园里空荡荡的，学生走了，学校的心也空了。后面来了几个篮球训练的学生。校园是属人的地方，应充满着人的活动。教育以人为本，要以人的活动为本，要以活生生的人味为本。校园如果没有活生生的人的味道，就是空洞的，毫无生气的。

学校几位老师出去学习，回来做个汇报，这个形式非常好。而且，这几位老师都汇报得很生动，善于捕捉细节，这源于他们有一颗敏感的教育心灵。一个人能否在一个新的场所捕捉到有意义的事物，取决于个人心灵生活的丰富程度。像海绵吸水、磁铁吸金属一样，只有当一个人有事先的准备，才可能吸到更多的有意义的事物。

从几位老师的汇报中，我们不难发现，小学教师的创造力是无穷的，同时也说明小学教育的魅力无穷，小学教育的创造空间的无穷。我今天就从人味出发，和大家交流几点刚刚听大家交流获得的想法。

一是校园文化。那位参观武汉育才小学的老师，讲到育才小学的状况，他们的学校既是校园，又是花园，更是乐园，老师独具匠心，把学生，特别是特长孩子的活动照片，展示出来，把学生的成绩展现出来，把小学变成童话世界，力求给学生最美的童年，校园分成各种主题区间，儿童与自然、儿童与人文、儿童与个性展示区，开展各种文化活动、各种艺体活动。从他们的努力中我们可以获得什么启示呢？校园文化建设要以儿童为中心，这是第一个关键词，要切实地体现儿童立场，换言之，我们所有的努力都是为了孩子，为了促进儿童的发展，不是为了给领导看的。我们不仅要明确坚持儿童为本，更重要的是要把这种理念落实在切实的活动之中，这意味着要把对儿童的关注转化成儿童的生活形式，所以第二个关键词就是生活。当然，尊重儿童生活，并不是自然状态的儿童生活，随性的儿童生活，而是引导中的儿童生活，这就涉及第三个关键词，那就是文化，也就是寓文化于儿童活动形式之中。校园里弥漫出来的儿童味、生活味、文化味，三种味道指向阳光少年的成长，或成长为阳光少年。如果把儿童味和生活味合称人味，文化味简称文味，一所好的学校，或者说优良的学校教育，不过就是人味与文味的完美合一。

二是科学教育。我们咸嘉博才小学建校伊始，就以科学教育为特色。我在校园里闲逛时，看到了我们的诸多科学文化设计，应该说做得很不错。但我个人还是有些别样的感觉，那就是我看了这些设计之后，感觉自己的科学冲动并没有被真实唤起。我不知道孩子们在这里走来走去的时候是否被充分唤起了，但至少提示我们，我们的设计是否真正体现了孩子们的需要？是否真正从孩子们的科学需求方式出发？还是只是做给大人看的？这里我们同样可以考虑三个关键词，一是儿童，二是生活，三是科学，也就是把科学教育变成切实的儿童生活的形式。一位发言的帅哥老师从不同学科出发，举了很多生活中进行科学教育的富于趣味的小案例，实际上就是科学教育生活化的例证。另外，我们的科学教育文化设计，可以考虑分主题，让学生进入这个情境之中，不是一头雾水，而是分门别类，真正有所理解。当然，我们需要明白一点，小学科学教育的中心其实并不在科学教育本身，而在以科学教育引导孩子们的成长，这样就把小学科学教育变成孩子们成长的基本形式与路径。这意味着我们的重点乃是科学之爱，由此而激活他们对世界、对人生之爱，在此基础上，才是科学知识、科学理性、科学技能的发展。这涉及科学教育的层次性问题。

三是语文教育问题。前面汇报的教师提到了语文教育目标的深化，我认为，语文教育的目标有三个层面：首先是语文本身，语文教育无疑是从语言文字开始，让孩子会说话，认识汉语言文字；其次是语言文学，让孩子们会说好话，感受汉语言文学的优美；最后是文化，语文的教学最终乃是文化的渗透，也就是培养一个人的文化人格、民族气质。关于语文教育的方法，我谈一点，那就是回到文本，立足学生，寻找文本中通往学生心灵世界的眼，也就是找到文本与学生联系的精神之眼。

四是创新教育问题。我们学校有一个创新教育课题，大家也有很多想法和做法，这是很好的。我想说一点，我们的创新教育针对的核心问题是什么？核心问题是当下教育的平庸化，教育教学既没有展示教师自身生动的生命姿态，更没有让学生的生命潜能得到激发，这才是我们思考创新问题的根本出发点。我提出课堂也好，学校活动也好，都是平台，是展现学生丰盈生命的平台，在展现学生生命的过程中其实也展现了教师自身的生命质量，或者说教师的生命质量展示的标志就是学生被激活了。这意味着教育创新的问题乃是如何以教育教学的创意、学生学习的创意，来提高师生生命质量的问题，也就是学校中人的生命质量问题。创新教育的关键词同样是三个：一是儿童，创新教育旨在提升儿童的生命质量；二是生活，创新需要以儿童喜闻乐见的形式；三是创新，也就是建立在理解儿童、适应儿童生活之上的创造性品质的提升。关于创新教育，我还谈一个现实的问题，那就是减负的问题，创新教育必须充分地回应当前课业负担过重的问题。减负乃是在消极层面让生命自由；创新是从积极层面让生命绽放。这意味着我们需要在减负中创新，扩展孩子们的自由空间；同时要在创新中减负，让孩子们在积极的生命展示中找到学习的快乐，成长的快乐，同时也能在创造性学习中减轻课业负担压力，提升生命质量。

我们生活在学校之中，每一时刻我们都作为人行走在学校中，我们每时每刻都需要关注当下学校生活情境中人的生命质量，珍惜学校生活每一刻，哪怕是跟学生的一句谈话，学校领导与老师之间的一句交流，都应该展示人性的优雅与生命的活力。人性的境界在不同阶段，在低龄阶段，在学习活动中，可以达到这个阶段人性的充分实现。在普通的小学教师岗位，我们同样能让自己的人性达到高妙的境界。

执着地践行一种以"立人"为中心的教育
——马小平老师的语文教师生涯（节选）

马小平，1953 年出生在湖南湘潭。1978 年恢复高考后，马小平考入湖南师范大学中文系。1982 年，他任教于湘潭十中，成了一名中学语文教师。1992 年，他来到深圳东莞中学，2002 年到深圳中学。2004 年，他被查出患有胶质瘤，位于脑部。2012 年 1 月 16 日，马小平永远地离开了他深爱的教育事业，离开了这个世界。

马小平执教 29 年，执着于"立人"的教育主题，写下了大量的读书、教研笔记和日记，把对教育、对语文教育、对如何当教师，甚至如何为人的思考记录其中。经由马小平本人编定，已经或即将正式出版的两部著作，分别为41万字、56万字。其教育生涯中所积累、尚未编定的，关于教学和教育、有学术价值的，全部各类著述文字，包括论文、教案、课件、札记、随笔、对话、通信、演讲，其总量不完全统计在160万字左右。柏拉图在语言中建构了他的理想国，而马小平则在现实中用行动和语言构建着教育的理想国。

(一)以"立人"为中心的语文教育主旨

马小平的语文教育探索实践的价值，正在于其抓住了一个事关语文教育、整个教育，乃至我们时代的根本性主题，那就是立人。他进入语文教育领域，劈头就问的问题就是："什么是当代中学生最缺乏的？"他的回答更是惊心动魄：我们所培养的人才，并不缺乏知识和技术，"他们有知识，却没有是非判断力；他们有技术，却没有良知"，他们患有"人类文明缺乏症，人文素养缺乏症，公民素养缺乏症"。在我们的教育下，很可能将出现有知识、有技术，但没有文化、没有人文关怀和素养的一代人。在马小平看来，这正是全球性的现代文明病的恶果，我们以成为"成功者"为目标的教育，必然导致实利主义、实用主义、虚无主义、市侩主义的泛滥，形成年青一代精神与道德的危机，有可能导致整个人类文明的腐蚀与毁灭。[①]

难能可贵的是，马小平早在20世纪90年代就一针见血地抓

---

① 钱理群：《教育本质上是理想主义者的事业》，《南方周末》2012年2月9日。

住了"立人"这一当代语文教育乃至整个教育的根本性问题。他从当下语文教育出发，打破中学语文课程文本僵化的传统解读藩篱，重新回到作者本身来理解文本，力图发掘文本中的人文精神，培育学生的人文素养。他在与学生关于鲁迅作品解读对话中力抨当下语文教育最缺乏人文素养：

> 鲁迅所有的小说有一个核心的内容，那就是他要揭示一种人与人之间可怕的隔膜。在《孔乙己》这个小说的开头就有一段话，"掌柜的是一副凶脸孔，主顾也没有好声气"。这句话就揭示了一种一般人生活的环境，小伙计也就生活在这种环境之中，所有的人都生活在这种环境中——单调、无聊，没有好脸孔，也没有好声气。他们就把所有的乐趣都寄托在一个人身上，这个人就是孔乙己。
>
> 可是按照我们以往的解读，这些都没有了。所以，现在中学生人文素质差，除了很多的文本不像话以外，还有好多好的文本，也给解读歪了，给糟蹋了，根本没有起到人文教育的作用。所以我对钱先生的"呼吁中学教育的人文性"是非常地赞同。但是，中学老师能够达到从人文素质上把握课文高度的也不多。非常可悲。（马小平：《鲁迅作品选析》）

从鲁迅作品的解读问题延伸到学生人文素养的培育，马小平意识到我们的教育之所以会缺乏人文素养，一是让一些没有底蕴的文本入选课本，这说明我们的课程选择需要非常谨慎；二是经典文本的思想很多时候并没有被教师真正理解，这需要我们的教师提高自身素养，而不是"照本宣科"，"拿来主义"的过程本身就是教师失去判断力的过程。

马小平非常赞赏钱理群先生对鲁迅的解读，正是因为钱老师抓住了鲁迅作品中的真正精神："立人"思想。鲁迅作品是批判，更是建设，作品文字之中揭示丑恶是为了呼唤"人性"，所以在阅读中必须是"人"在阅读，才能感受到鲁迅先生的爱之深、恨之切。鲁迅并不是要摆出当时社会和人的丑恶、残酷来让我们当"看客"，而是让我们切身地体会到小说里的人物作为"原型"的那种痛苦，从而真正去理解、去同情他们，去打破那种人与人之间的冷漠、隔阂。这就是马小平理解的语文教育：要让学生内心的震撼，达到"自启蒙"，让个体精神真正自由，我们的中学生才有可能具有人文素养，这与鲁迅先生"立人"思想不谋而合。

(二)穿越自我灵魂的教师生命反思

从对整个教育的担忧到具体的语文教学，马小平常常反思的问题是：如何让课堂、文本融入学生的生命之中？如何唤起学生的意义感？如何在学生与文本之间搭建起一座沟通的桥梁，让文本中的主题精神拨动学生的心灵，引起他们共鸣？如何让语文教学超越出知识学科而发挥"立人"作用？带着对这些问题的思考，并结合多年的教学经验，马小平把教育实践经验系统化并上升到理论阶段，提出了语文多维教学理论，即"模拟情境与操作的教学""情感与智慧参与的教学""师生意义世界建构的教学"以及"大语文教育观"。"模拟情境与操作"营造教学情境，为"情感与智慧参与"提供基础，"情感与智慧参与"让教师、学生真正地投入课堂之中，引导课堂教学进一步深化，使得"师生意义世界建构"得以可能，"大语文教育观"为多维教学提供宽阔的视野，这就形成了一个完整的教学系统，层层递进，课堂教学直抵教师和学生的心灵，引导灵魂的上升。

马小平的反思并没有到这里就止步，而是深入教学中的自我，反思自己的教学行为给学生带来的影响，对学生意味着什么？善于言辞而富有感染力对于一个语文教师来说，无疑是值得肯定的长处。马小平恰恰就是一个这样的老师，但是他却意识到了其中的问题。在研究对话教学的时候，他意识到课堂不应该仅仅是教师的言说，他发现了"那个孩子在叙说"，也发现了自己的问题。

> 看，那个孩子在叙说，他也许叙说得不好，但是，重要的是他叙说了，他在用自己的言语叙说。老师为他提供了言说的空间，这是一件很了不起的事情，只有等到孩子们进入高中后，而且不太愿意主动参与讨论与发言的时候，我们才能更深刻地认识到这个问题。由这一堂课，我冷静地反思了自己。我常常在课堂上抢占了话语的霸权，用自己的密度很大的言语占领课堂。我知道自己的长处是善于言说，善于表达，我在言说中确实有一种气势，有一种攫取力，但是，正是这种攫取力，封住了学生的言说与思考的空间。我被自己的长处困住了。（马小平：《追寻对话教学的意义之学生话语权的回归》）

这里，马小平表现出一种超乎寻常的自我反思：不仅是反思这一堂课，而且是反思"我"的课堂本身；更重要的是，由反思课堂走向对教师生命本体以及教学过程意义的根本性的思考，那就是我们惯常于在学生面前以自己能力的优越性而不自觉地攫取了话语权和对于学生的优势地位，从而让我们以自己的长处困住了、束缚了我们作为教师的存在，教学过程成了表现、显现我们自身长处的过程，而不是促进、显现学生自身发展的过程。

马小平直抵灵魂的追问充分体现出他对中国教育的责任感和忧患意识。他的担忧并非空穴来风，而是因为对我们的教育、对时代与社会有一种内心深处的敏锐，才会不断发出这种叩问，沉痛而一针见血地指出了我们教育的弊病。他在教育生涯中自觉地把人文素养教育融汇在自己的教育实践之中，坚持以育人为先，志在培养具有判断力、人文素养的公民，希望能够给我们的世界留下卓越的后代去传承人类精神，而不是一群毫无担当、堕落在物欲横流之中的群氓。

马小平不仅对语文教育有着一种向着本真的不懈叩问与追求，殊为难得的是他还能清楚意识到这条路的艰难与痛苦，更为重要的是他乐意清醒地承受这份痛苦："在语文教学的旅程中，顽强地坚持着追寻意义，顽强地抗争着无意义和虚假意义，就像这雪夜中的孤独的守夜者，'用阅读和谛听的方式拥有世界，用歌唱和牵挂的方式与世界对话'。我们痛苦，我们孤独，然而，我们必须坚持。"（马小平：《中学教师的困惑》）马小平就是在这种浸润着宗教般虔诚的生命思考中，肩负起语文教育立人的使命。

第二辑　孕育爱，孕育智慧

为什么我们会如此平庸

今天的儿童发展正在遭遇过早地被技术化的危险。一个人，很小的时候就被渗透在这种技术化的生命结构里、过早地把生命空间用一种粗糙的、缺少精神滋养的教育形式所充塞，这样的结果便是个体生命空间发育的整体萎缩。一个人的成长应该是终身性的，我们本应在年少时期充分地舒展人的精神和心智，提高我们对世界的敏感性，从而给人生的创造性发展提供基础。正是过早遭至的技术化的教育形式，特别是高度体制化的应试的渗透，导致我们的人生发展很难避免平庸化。

杰出的大家，包括各行各业杰出的人物，无不在年少时打下良好的基础。这种基础实际上包括以下几个方面：（1）丰富的情感；（2）发达的想象；（3）对知识的兴趣。他们杰出的人生往往直接奠基于年少时期与自然的广泛接触、对艺术的爱好、从小就开始的广博的阅读，以及由此而形成的自由探究的习惯。正是从小就打开的广博的心灵世界直接成为他们不平凡认识的基础。

　　丰富的情感无疑是人生发展最重要的推动力，自幼形成的对自然、对他人、对人世间的爱，是一个人创造性的最重要的基础，同时还为我们的创造性提供一种方向的保障。这种深厚的、广博的爱源自幼形成的个人与自然、他人与世界的丰富而生动的联系，只有当个人稚幼的生命开始了一种与周遭世界共同存在的意向，一个人才有可能免于孤立的生存，而培育起对他人和世界的无比的爱。伟大的心灵总是与伟大的爱连在一起的，在某种意义上大学就是大爱。

　　发达的想象力乃是提升人生创造品格的羽翼。一个人的生命空间是通过想象力来拓展的，想象的边界实际上就是一个人存在的边界。个人在与自然、艺术的接触中，以及在广泛的阅读中开启的这种发达的想象力，实际上拓宽了人生存的边界，当然也是创造的边界。这就是爱因斯坦所说的"提出问题比解决问题更重要"的原因，提出一个新的问题，本身即意味着我们的精神空间开出新的疆域。想象力乃是创造性人生最重要的基础，无疑，从小就开始的与自然、文学艺术的亲密接触，是夯实这一基础最重要的途径。

　　自由探究与求知的兴趣则是创造人生的根基。个人的创造力与一个人的创造实践本身并不是同一的，一个创造潜力高的人并不一定其现实的创造实践水平就高，杰出的创造实践依赖于持久的兴趣与专注。在人生历程中，一种兴趣的绵延，一种韧性的坚持，很显然只有来自年少时期就奠定下的这种强烈的兴趣。自幼萌发的探究欲望是为人生奠定持久兴趣的一个重要因素。这种兴趣必须是发自天性的，只有发自天性的兴趣才可能是持久的。这就意味着持久的兴趣，必须是植根于人性的自然与自由。

回过头来，看看我们的现实，狭隘的知识训练，以及个人主义的生活取向，正在一步步地削弱教育中个体的心灵生活空间。技术化的教育对个人与自然的接触以及文学艺术爱好的挤压，使我们早期的教育模式沾染上了一种浓烈的功利主义倾向，而不是指向儿童心灵世界的丰富与扩张。在一定程度上，受教育越多，心灵世界反而越狭窄，因为我们的教育将他们自由想象的空间都占据了，这进一步强化了个人自我世界的封闭。儿童在教育中过早遭至的深度体制化，大大的削减了儿童的自由，或者说削减了儿童发展与儿童天性中的自然与自由发展的内在联结，这直接导致个体人生中很难出现持久稳定的兴趣，以至于我们很难有一种为求知而求知、为探究而探究的生命姿态，缺少伟大创造所需要的持久和高度的专注。

这意味着我们的教育正越来越多的用一时的、可见的成绩取代对人生整体成就的关注，用小爱取代大爱，用私己之爱挤占了对他人、世界的广博之爱。当一个人的心中盛装的只有自我，那么他（她）就不可能再真正地装得下他人和世界，他者世界就全然在他（她）的生命世界中成为工具性的存在。当一个人更多地停留在自我的想象世界中，他要对人类做出卓越的贡献几乎是不可能的。所以，怎样走出狭隘的自我，是当代教育面临的一个重要问题，甚至是一个根本性的问题。

为什么我们会如此平庸？因为我们年少的教育已经先行地打下了平庸的烙印，正如柏拉图所言，无论如何早期的教育决定了一个人发展的方向。这其中一个典型代表就是奥林匹克竞赛，我们带有浓郁功利性的奥林匹克竞赛一个重要的作用就是成功地把一些优秀的学生送入优秀的大学，而他们对其所荣升的学科从此不再有任何兴趣。奥林匹克竞赛体制实际上是我们今天这种功利化的、平庸的教育最典型的表现形式。由此可知，判断一种教育是否平庸，实际上就是看教育中人的存在，或人的生命的丰富性和广延性，而不仅仅是当下的、世俗化的、基于功利的评价。

20世纪90年代的师范生

——蒋保华《教育的哲与诗》序

"在学兄的挈领襄助下，我越过悠长的甬道，来到古朴静穆的教学楼前。记忆中，教室到处充斥着单调无聊的装饰：政治说教、道德规范、学业鞭策……而当我轻步迈进通师教室时，顿觉豁然开朗：遒劲俊逸的书法、挥洒淋漓的国画、别致优雅的壁挂、美轮美奂的板报……浓郁的文化气息中，弥漫着现代学子的生机与活力，涌动着师范学人的浪漫与狂傲。"（《通师往事，那青翠的记忆》）蒋保华君，1994年初中毕业后，就这样带着一份少年学子的理想与豪情，进入南通师范五年一贯制专科学习。

读着保华君对师范生活开始的描述，我也不由自主地记起自己的师范生活。1983年，生长在农村、初中毕业、急于解决那个年代非常重要的国家粮问题的我，在读县一中还是读师范之间，选择了上我所在的益阳地区师范学校。师范毕业，我回到乡里教初中，四年后考上大学，并逐渐走上教育研究的道路。现在，我曾经毕业的学校早已烟消云散，但师范生活毕竟给自己留下难以磨灭的记忆。这些年来，我也不断地思考、回味师范教育到底对于自己、对于整个中国教育意味着什么。保华君的文字正好给我的思考提供了一个契机。

师范生活在中国教育整体中，作为一种真正有特色的教育生活形式，其不同于高中和一般大学的地方在于，它没有高中生活那样的应试压力，同时又没有大学生活那样的老练沉稳，而葆有了一种幼稚的青春之气，因为入学的毕竟是稚气未脱的十四五岁的孩子。保华君这样概括他的师范生活："袖珍典雅的校园""智趣盎然的课堂""融会贯通地阅读""虔诚灵性地写作""异彩纷呈地活动"。无疑，这种概括不仅仅是实际的描述，同时也带有了保华君的个人情感，证明他与这个学校的联系是生动而充满生命意味的，南通师范对于他，对于和他一样的年轻人而言，是一个富于理想气质的生命空间。

20世纪80年代是一个文学青年满天飞的年代。我在益阳师范读书时，就是个典型的文学迷，不仅读了大量的文学作品，参加学校的文学社，几乎每天坚持写作，甚至在晚上熄灯后有了灵感时都会在月光之中飞快写下几句，还参加过两个文学杂志的刊授活动。尽管没有在文学上表现出多大的成绩，但却在文学爱好之中，让自己的心性得到了很大的历练。进入20世纪90年代，随着社会日趋理性、成熟，经济成为压倒一切的主题，文学不再作为时髦的爱好，文学青年几乎已经成了一个贬义词，大学生活也日趋沉闷。个中原因，一是90年代初理想主义的没落，更重要的原因，乃是这些年来的大学生乃是90年代以来愈演愈烈的以致被钱理群先生形容为"针插不进、水泼不进"的应试教育的产物。一个人，在 16 岁到 18 岁这一大好的青春年华阶段，全然交付于机械的应试，缺少了青春的激情与浪漫的怀想，这不能不说是一件悲哀的事情。

但在保华君的师范生活叙述中，我惊奇地发现，师范教育，竟然还能给像保华君这样的文学青年，提供一个继续做梦的空间，真的十分难得。这让保华君发自内心地萌生这样的感慨："在黄金的青春季节，将被应试教育扭曲异化的心灵修复完整，不也正是自己梦寐以求的吗？在物欲横流、充满劳绩的大地上，在势利纷扰、倾斜变形的象牙塔外，有一个可以诗意地栖居的智慧圣殿，不也正是我魂牵梦绕的吗？"这正是不乏理想气质的师范教育带给保华君成长的宝贵的精神品质。

如果说自由而充满青春之气的师范生活直接孕育了师范生一种生命的理想气质，那么，对于上进的孩子而言，在人生最好读书的年龄阶段，不为应试，发奋读书，则是在孕育一种对书香的生命之爱，也正是因为读书与个人生命的内在契合，使得读书成了个人生命的近乎自然的习惯与生命趣味，丝毫没有外在的强迫。正是在南通师范，保华君"开始了哲合忍耶般的追求，总是在独自一人时，凝眸面对着混沌的视野，走向内心的澄澈。从渴望无限的帕斯卡尔，寻找梦中的蓝花的诺瓦利斯，仿佛孤独的枞树的克尔凯郭尔到没有意志的意志哲学家叔本华，生命的梦与醉的尼采，思想家与诗人的瓦雷里，幽暗与通明之间的萨特……追随着他们的原始追忆，聆听着他们的'不可言说'，期待着无蔽的瞬息，生命在提问和觉醒中'癫狂'。"由此，而形成个人钟情读书、思考，喜欢哲学与诗的生命旨趣，这使得曾经以为"虚荣地

47

选择最难录取的师范，是我今生所犯下的不可饶恕的美丽错误"的保华君，却在这里找到了自己渴盼拥有的读书天堂。

他曾写到在南通师范时的一个读书的片段："那天也是傍晚，灿烂的斜阳在我的书页间跃动，清幽的荷香在我的灵魂深处弥漫。此时正在阶梯教室，阅读着坚守'清洁的精神'的张承志的《黑骏马》。辽阔壮美的大草原，苍劲凄凉的草原民歌，古朴善良的美丽姑娘，哀怨婉丽的爱情故事……生命不能承受之轻的感伤悲情纷至沓来，让我好生压抑窒息，自我视野的生命竟是如此轻盈苍白！残缺懵懂的青春夙愿何其令人激动不已？何其美好得永生难忘？可终究飘逝而去！我唏嘘喟叹，懵懂沉思。"这个片段中也许就折射出一种真正的师范精神，或者说师范生活曾经的理想之所在。正因为师范教育少了一种应试的压力，这正好给了处于人生梦幻阶段的年轻人以宝贵的自由空间。

当然，在我看来，师范教育本身也不能过于理想化，其中重要的问题就是由于过早的专业化，导致起点相对偏低，视野受到局限。怎样在抓住师范教育的优越性的同时，正视师范教育本身的弱点，也是师范生成长过程中必然遭遇的问题。保华君无疑是其中优秀的代表，他充分地抓住了这一空间，并力求使自己超越这个空间本身的局限："在文学阅读中，我跟随勇敢者的心，体验《少年维特之烦恼》，体验《约翰·克利斯朵夫》之精神苦闷；我守望灵魂，在《瓦尔登湖》畔享受成熟的恬静，在《复活》边缘感悟人类相爱的真谛；我收藏精神，在《铁屋的呐喊》声中聆听鲁迅的'国民性'批判，在《落地的麦子不死》中凝视那一挥手的苍凉。"十分难得的是，他的阅读面非常广泛，由文学而哲学，而历史，思考渐渐地萌芽，一点点漫入生命的幽深之处："在哲学阅读中，我进行思想操练。周国平的《尼采——在世纪的转折点上》，令我几乎眩晕得醉生梦死，一个世纪之末的漂泊者，一个摧毁上帝构筑的权力意志者，投射出一束曙光于我的内心，敦促我去发现真实'自我'，去独立地探寻生活的意义。""一次次中午，斜坐于琴房斗室，在理查德·克莱德曼舒缓悠扬的钢琴乐曲中，我仰望哲学、美学的天空，瞻仰存在的星辰，恪守心中的道律。康德、叔本华、黑格尔、胡塞尔、伽达默尔、舍斯托夫、利奥塔、齐格蒙特·鲍曼、罗兰·巴特、李泽厚、宗白华、张志扬、叶秀山……标识自我思想地图的坐标点很是艰难，我在，我思。"可以说，保华君读到了他当时所能涉猎的各个方面，甚至，他的阅读还远远地投向了正逐渐被冷落的古典文化之中，从周振甫的《诗词例话》《文章例话》到钱锺书的《谈艺录》《管锥编》；从王国维的《人间词话》到王力的《诗词格律》；从南怀瑾的《论语别裁》到陈寅恪的《柳如是别传》，充分显示了一个年少师范生的意气风发和不惧艰难。

　　保华君身上如果说有着浓郁的理想主义情结，那么这种情结正归结为其少年时代的豪情壮志并未被20世纪90年代以来走向巅峰的应试教育所吞没，南通师范的学习在很大程度上让他更多地葆有了一种难得的创新意识与创造精神。1999年，保华君顺利完成学业，从南通师范毕业，随即开始了一个90年代师范毕业生的教育生涯。正是充满理想与激情，而又勤奋、踏实的师范生活，给保华君打下了良好的基础与生命的习惯，这直接成为他日后走上教师工作岗位后作为教育之诗性与哲性追求者的根基。

　　保华君作为教育之诗性与哲性追求者的基本表现，乃是其充满理想意味的教育实践形式，确切地说，乃是一种把自我诗意生命融进去，以更好地贴近学生心灵的教育实践样式，并努力启迪学生诗意的生命世界。保华君说，自己一直信奉教师是在用心血写诗，是写在学生心田里的诗。在课外，他组织学生阅读名著，开展专题研究、社会调查，进行人物专访，一起野炊远行、赏月观海……让他们的触角延伸到大千世界，让他们对班级、对社会、对世界满怀美好的愿望和憧憬，感受到意趣和美的存在，从而走向精致、高雅、聪慧、愉悦的生活。在课内，他将智慧和情感融合在一起，怀抱一种艺术的情怀，一种文化的乡愁，以及一种创造的梦想，点燃起那一双双朦胧之中的眼神。

保华君作为教育之诗性与哲性追求者的内在基础，乃在于其对教育实践之内在精神的敏感性与良好的洞察力。他密切关注教育的信仰，注重品味教育的历史，从中获得教育精神的恰切资源。他这样表白："没有信仰，也就失去了追求教育的勇气与魄力；没有历史，也就失去了人生应有的终极关怀。我不讳言自己是教育的理想主义追求者，也不讳言自己是有社会良知的知识分子。在历史的镜鉴中，我鞭策自己：对现实要敏感，对历史要关怀，对人类要悲悯。"在《名校之"重"与学人之"轻"》一文中，他凝望着中国20世纪特色中学名校——静谧而充满野趣的白马湖春晖中学、学林凤树新标的天津南开中学、致知致雅致谨的上海格致中学，旨在追求失去的教育传统；他甚至把精神的触角伸向了20世纪中国知识分子的思想地图，他们是：胡适、储安平、顾准、殷海光、梁启超、雷震、王芸生……从他们身上，他不断地啜饮精神的力量，并以此来滋养自己的教育人格。

而保华君作为教育之诗性与哲性追求者的精神根源，正在于其在师范阶段打下的知识、情感与生命基础，在于他始自师范生活的对书的热爱与对诗哲生活的沉静坚守。"平生无大爱好，唯有读书矣。每在工作之余，或假期之间，则端坐书房，冲一杯咖啡，或泡一杯香茗，在恬静幽雅的《神秘园》乐曲中，展卷阅读。一种古朴的美丽，一种坚实的生活，常让自己心无旁骛，乐不思蜀。"(《教育诗哲的追寻者》)对书的热爱不仅带给他绵绵不断的精神资源，而且，对读书的坚守本身就是其诗性生活的重要形式。正是作为师范生教育阶段打下的良好基础，让他拥有开阔的教育视野，以难得的哲学意识、历史意识和良好的生命意识，超越了一般教师专业发展的知识品格。

今天，教育改革如火如荼，但我们不得不思考的前提性问题，一是当下教育的根本性问题与目标是什么，二是教育改革究竟以何种方式来实现这个目标。时下教育改革，因为涉及面太宽，而没有也不可能真正触及问题的实质。在我看来，教育的根本问题是育人，也就是究竟培养什么样的人，而达成育人目标的根本在于教师。当下的教育问题首先正在于在究竟培养什么样的人这个问题上并不清晰，虽然我们在培养目标上有太多的预设，但这些面面俱到的预设，并没有抓住教育的灵魂，使得实践中我们的育人目标轻易地淹没在应试的素质教育，或者素质的应试教育之冰水中。其次，我们对教师究竟需要怎样的素质也是一片迷茫，尽管我们在教师专业发展的要求上摆出了不少，但同样没有抓住教师素养的根本问题。教育的根本目标是育人，发育健全的人格，启迪良好的心智，养成积极的情感，造就身心健康的一代新人；而达成这个目标的根本就是有着健全的教育意识和生命意识的教师。

由于我们对教育目标和教师素养这两大根本问题的迷糊，直接导致我们对究竟需要怎样的师范教育认识不清，而一味地提升学历，谋求与国际接轨。从 20 世纪 90 年代中期以来开始的撤销中等师范学校的热潮无疑就是这样一种不乏盲目的产物，这使得我们本来在小学教师（包括农村社会大部分的初中教师）的培养上本有的良好经验与模式一夜之间付诸流水，而实际上我们又并没有找到替代的良好形式。这里说的"替代"并不是从形式而言，因为我们照样可以不断地从高等学校中引进毕业生，而是指我们如何在作为教师所需要的生命品质的意义上，在一种理想与激情没有被应试教育磨灭的前提下，保有一种生命的自然与清新，保有对教育的内在的激情与近乎初恋般的迷恋。

在这个意义上，我们面对 20 世纪 90 年代师范生蒋保华以及无数像他一样杰出的正在成为优秀教师的师范毕业生，就不仅仅是面对他们个人，而是面对教师教育的根本问题，面对一种曾经良好的师范教育形式的消失。20 世纪 90 年代师范生保华君，曾经的教育经历带给他的教育生涯一份对教育的真诚、宝贵的激情、智慧与不拘常规的清新的创造活力，以及由良好的阅读趣味与阅读习惯所开启的对语文教育、对教育本身的一种常驻胸怀的充满生命情怀的感悟力。我们今天谈论当下教育问题，特别是谈论教师专业发展问题，大多泛泛高论，浅尝辄止。其实，任何教育实践，其好坏优劣的根本在于教师，在于我们通常所说的教师的素养。而所谓教师素养，也并不在我们通常开中药铺所列出的

一、二、三，什么通识素养、教育理论素养、教育技能素养等，这些素养当然是重要的，但这些都没有抓住问题的关键。因为教师是真实的人，是活生生的生命体，而不是素养灌输的容器，所以，所谓教师素养，最根本的是发达的生命趣味与健全的人格精神，以及以这种生命趣味与人格精神为基础的对教育、对孩子们当下生命质态的深切而鲜活的感受力与富于爱心与智慧的生动的引领。

这样一种素养，说白了，其实是有意教不出来的，或者说是几次培训培不出来、若干考试考不出来的。这种素养的来源只可能是两个：一是良好的天分，或者说从小就没有被抑制的生命趣味；二是能对这种趣味以宽容与必要涵蕴的学校教育形式。换言之，这种素养的由来无非就是个人的天赋加上适当情景中的自由陶冶。我们的中等师范教育模式以及以中等师范教育为基础而提升的师范教育形式，虽然不至于被过高地估计，因为它明显的不足是起点不够高，至少绝大多数的师范生不可能都如保华君那般自觉，因而能足够地以个人阅读来弥补师范教育视野的狭窄和起点的偏低，但确实在全面而自由地涵蕴个人的生命趣味上，给教师培养，甚至也是给人的培养，提供了一种可资参考的、有重要价值的教育形式。当然，最重要的是，提供了一种具有重要价值的教师教育模式。

本书的文字无疑就是保华君独到的教育经历与教师生命历程的表达，从对教育问题的一般性沉思，到对语文教育的集中思考、班主任工作的真情体悟，再到个人的书评、影评，以及个人教育经历的回眸与反思，近 30 万言，可谓琳琅满目。在这里，我并无意过多地美言保华君，他的好坏自有其文字作为见证，我是想通过保华君的个人经历与生命形态，借以唤起大家对从20世纪80年代到90年代的师范生的教育经历和生命历程的重视，以此来促进人们对现当代中国一段大部分地区已经逝去、只有少数不发达地区依然保留的弥足珍贵的师范教育价值的反思，而不至于让这段历史被所谓与国际接轨这些宏大关怀所淹没。

值得期待的是，尽管我和大多数中师毕业生一样，我们的母校已不复存在，但保华君的母校，首倡五年一贯制的南通师范还在艰难中持守，现已更名为南通高等师范学校，但依然从初中毕业生中招生，保华君当年的校长朱熹耀先生提出的人格师范生教育理想依然还在南师的校园里回响。在中等师范走向没落的时候，南通师范的发展无疑是一种可喜的、值得借鉴的模式。衷心祝愿南通师范能在当下教育格局中有更大的发展，也祝愿作为20世纪90年代师范生的保华君走得更远，更沉静，更坚实。

教师的成长与教师教育意识的觉醒

卜茂荣君是我的教育硕士，又是我的好友，他有着比较独特的教育经历，中师任教多年，后期在自己的教育改革尝试中取得了很好的教育效果，成为地方名流，后考入长沙市一所中学当校长，两年校长经历，初步完成了这所薄弱中学的质的转变，后又考公务员进入政府机关，使他有可能跳出教育来思考教育。茂荣君读书甚丰，对新鲜事物十分敏感，近段对教育叙事研究情有独钟。我们多次交流后决定，其硕士学位论文就以个人的教育经历为中心，写成自传体教育叙事，把他的教育经历中的适应、觉醒、发现与创造的过程如实地写出来，作为教师成长的个案。把个人的教育经历作为文本，来一番他者化的解读，也许，能给人们对教师成长问题的关注提供有些启迪。

在与茂荣君交流的过程中，我渐渐地发现教师成长与教师教育意识觉醒问题之相关问题的重要。教师成长的问题不仅是一个教师教育教学技术不断娴熟的过程，也不仅是把教育教学技术逐渐变成了教育教学艺术的过程，这其中更主要地包含着的内容，或者说教师成长的关键，乃在于个体教育意识的全面觉醒，即个体是否开始拥有了自己独到的对于教育教学实践的理解与觉悟，并把这种觉悟渗透在自己新的教育教学实践之中，从而使得个体的教育教学实践的思想资源逐渐摆脱外在的常规或者权威性认识，而转向个体自身，来自个体对教育的真实悟知。

一般来说，教师的成长会经历这样几个过程：适应或者说顺应常规——对常规性教育行为的抗争与个人教育意识觉醒的萌芽——教育艺术的成熟与个人教育意识的觉醒——个人教育意识的不断完善与个体教育实践中的自觉创造。教师的成长一方面需要不断地吸收外来的教育知识、教育思想资源，不断触动自己对教育实践的思考；另一方面又需要教师对自我教育生活不断反思，把自身的教育经验作为文本来解读，真正把自我纳入对个体教育生涯的觉知之中，从中获得教师自主意识的提升。教师正是在对自身教育实践不断适应、超越之间，通过外来思想资源与个体内在教育经验、教育知识的不断碰撞中，获得个体教育意识的生长生成。

　　个体教育意识的觉醒并不是个体教育行为模式中的简单创新，并不是简单地跳出常规，跳出他人，自立门户，特立独行，它更多地涉及教师对其职业生涯所面临的最基本问题的自我解答：究竟什么是教育？什么是教学？什么是好的教育？什么是好的教学？个人教育教学实践的意义究竟在哪里？个人究竟应该以一种什么样的姿态进入教育教学实践之中才使得个体的教育教学实践更有意义？甚至，它还包括，个人的教育教学实践对自我人生意味着什么？以教育为业的个体人生怎样才能更有意义？个体教育意识的觉醒，从其实质而言，就是个体对自我教育生涯的反省和觉悟。

　　教师教育意识的全面觉醒，首先意味着教师对教师职业的整体参悟，即对教师职业活动的意义与价值的自我理解与独到发现，并尽可能地在自我与外在社会要求的协调中来完善自己的职业行为和职业生活。更深层面的教育意识的觉醒，还包括对个体教育人生的领悟与觉知，即把教育生活与个体人生内在地结合，把个体在教育实践中的探求、创造、悟知转化成教师个体职业人生之意义与价值的发现。换言之，教师的成长，不仅是教师作为职业人的成熟与发展，同时也是作为人的成熟与发展，是作为教师存在的个体人生的不断发展与完善。教师个体不断将外来知识融入个体内在教育意识之中，转化为个体对自我教育世界的发现与觉知，这种觉知扩展到对其整个教育人生的价值与意义的思考与觉悟，从而促进教师个体教育人生的整体觉知。

　　教师的成长与教育意识的觉醒并非一蹴而就，特别是在一种开放的社会与开放的教育中。个体教育意识的不断觉知，意味着个体对日常教育生活的不断超越与提升，以及对自我既有教育知识的不断超越与提升。一个相对成熟的教师要超越自我经验、超越个体日常教育生活习惯，乃是一件十分困难的事情。个体教育意识觉醒的更高层次，乃是个体能把自我教育意识提升到民族、时代、社会、历史发展的高度，自觉地把自我教育意识纳入人类教育发展的历程之中，不断领悟时代教育的真谛，经由个体的本真性的教育理解、探悟，达到对历史发展中社会整体教育意识之本真性的理解与接近，从而把个人教育意识的觉醒上升到历史与人类的教育理想探寻的高度。说到底，个体教育意识并不是一个纯个体性的问题，个体教育意识的觉醒，与群体、社会整体教育意识的觉醒密切关联，从而把个人自身的教育努力自觉地纳入现代教育自身发展的内在脉络之中。

在此意义上，"活到老，学到老"，就不仅仅是一种谦辞，而是当代教师成长和教师教育意识发展的需要。

课堂的高度就是人性的高度
——听窦桂梅老师上课：《我爸爸》

几次说好到北京去听窦老师上课，这次到北京，发个短信过去，马上回复，"哪天过来，周一行不？下午上研究课。"窦老师是爽朗的东北人，机会难得，马上答应，一定来！

上午有点事，11点约好去见江苏教育出版社的一位朋友，到那里要了一大包很好的样书，急匆匆吃完饭就往清华赶去。到学校时已过了一点半，快跑进去，课早已开始。静悄悄进去，里面留好了位置。

说句实在话，前面听一截，并没有感到太多过人之处，慢慢地听出感觉来了。这是一堂一年级小朋友的图画阅读课，用的是台湾的教材，是一位外国作家的作品。简简单单的几句话，硬是被她讲得情趣盎然。从一句句认读句子，到学会"像……一样"和"也"的用法，再到认识父子之间的关系，"我爱爸爸"，从而厘清文本的内在关系，最后到点题"爸爸爱我"，课堂戛然而止。窦老师的课堂可谓节奏明快、逻辑清晰、情感丰富、韵味无穷。我是由衷地发现，教学，尤其是小学教学，真的是一门艺术。扩而言之，教育，真正的教育，就是一门艺术，是一门启迪心灵、培育生命的艺术。

课后随即开始研讨。窦老师先简单介绍了一下研讨的目的和自己上课的基本设想，就要我说几句，我实在没有正儿八经地评过课，不敢随便说三道四，就想先听听老师们的评课。清华附小的气氛很好，老师们讲得都很在行。我边听边想，大致想了一个讲话的思路。等老师们讲完，我就直接地发表了一点自己的想法。

我的思考确实是受窦老师的启发。窦老师今天的课呈现出两条基本线索，这两条线索实际上就是教育的两个基本目标，一是心灵的引导，二是儿童主体能力的发展。前一个线索又包含两个层次，一个是情绪的引导，窦老师在课堂上始终注意调动学生的情绪，比如让大家看她的眼睛，这样随时让孩子们保持足够的注意力，也提高了课堂的情趣；另一个是情感的渗透，在引导学生学习词句、理解文本的同时，特别注重提高孩子们对文本情感的理解与发掘，把学生引向对父子之间爱的认识与体验。后一个线索同样包含两个层次，一个是始终注意在课堂展开的过程中，把孩子们引向自身，让他们去体验、发现、表达自我生活世界，比如让他们说自己的爸爸、画自己的爸爸；另一个是基本知识与技能的培养，作为主体意识的支撑，这一块也就是我们通常重视的"双基"，比如让孩子们练习"像……一样""也"。

在讲了课堂的基本线索后，我讲到窦老师课堂的两个基本特点，一是教学有神，这是她的主题教学一贯强调的目标，一堂课要有一个中心的主题，也就是神，这堂课的主题就是父子之爱，正是课堂渲染出来的父子之间浓浓的、阳刚的爱意，使课堂充满生命的健全意味。二是注重创造性的引导，一种心智的唤醒、激励、解放。在她的引导下，一群看似朦朦胧胧的孩子们呈现出很好的创造意识，两位小孩子对爸爸的描述就很有意思，"我爸爸像猪一样懒""我爸爸像蜜蜂一样忙""我爸爸走路像大猩猩一样慢"，后面几个孩子画得爸爸的画，真是有意思的漫画。

后面我又坦率地说了一点看法：一是个别地方有点远离儿童生活，小孩子基本没有反应，比如讲到马拉多纳、多明戈；二是我们在重视赏识教育的同时，要注意对学生不同层次的创造做出必要的区分，否则，千篇一律，容易导致教学的平庸化，使真正的创造性得不到足够的重视。这意味着课堂有时候需要停下来，共同欣赏孩子们真正的创造，而不是一味地走过场式的表扬。教学，有时候就是慢的艺术。

最后，我说了一句"一堂课的高度其实就是人性的高度"。窦老师的课，正是渗透了她对生命、对儿童、对父子真情的理解与发现，并发自内心地去激励、唤醒儿童的心智世界，点燃孩子们心中的太阳。

后面回到窦老师办公室，一起又聊了很久，启发良多。这篇课文是英国著名作家，国际安徒生大奖的常客安东尼·布朗的作品，安东尼·布朗的插画作品表现了人性光明的一面，却也描绘出令人不可思议的一面。他认为在为童书画插画时，最重要的是以孩子们的思考方式看待世界。他的作品充满无限的神秘与惊奇，尤其擅于在画面的一角找到令人笑绝的创意与想象，让读者永远有发现宝藏的快感。《我爸爸》这件绘本，安东尼·布朗以他一贯的幽默风趣，对最最平凡的英雄人物——父亲致敬，借着想象力十足的童言童语，让穿着格子睡袍的老爸，化身为十项全能的超人，同时传达父子间的真情依恋。这本绘本是以孩子的眼光为出发点，因此绘本里的父亲是巨大的，用仰视的角度表现了孩子崇拜的眼光。

窦老师敏锐地把握了安东尼·布朗作品的精髓，阳刚、欢快的人性，尽可能地理解儿童的视角，切近儿童的生命姿态。不仅如此，她在这中间还有创造性的发挥，特别是最后那一画龙点睛之笔，即在由"我爱爸爸"的归纳中引导孩子进行一种反向的思考——"爸爸爱我"。窦老师不仅是在上一堂普通的小学一年级语文课，也是在潜移默化地渗透一种对于我们而言其实还是很新的文化理念，那就是安东尼·布朗绘本中隐约传达的一种特别重要的儿童文化理念，父子平等。儿子心中的父亲形象，正是父亲显现在儿童生命世界中的形象。儿子对父亲的爱正是因为有父亲对儿子深深的爱。我们的课堂其实特别需要传达这种文化理念，一种真正的成人与儿童之间平等的文化理念。

由积极的情绪到美好的情感，由自我主体意识的启发到主体实践能力的引导，由语文知识技能情感的教学到文化理念的渗透，窦老师的课呈现给我们的正是这种立体的教育艺术之画卷。

家庭教育中的父母职责
——读《教育学者谈家教系列丛书》启示

教育，是一个永恒的话题，因为孩子在教育中成长；家庭教育永远吸引人们的关注，因为孩子来自家庭。俗话说：“一个民族的未来是从摇篮开始的。”西方著名哲学家、教育学家卢梭（1712—1778）在《爱弥儿》中也谈道：“教育随着生命开始而开始。”家庭是孩子成长的摇篮，父母是孩子最初也是最终的老师。一个人一生最伟大、最艰巨的任务就是“养育”孩子，让孩子健康地成长，让孩子成为一个合格的人。

现实生活中，很多父母却认为，能结婚就能生孩子，能生孩子就能做父母，做父母是不需要学习的。另外还有很多人已经为人父、为人母，却不知道如何正确地养育孩子，他们所做的只能说是“养”而没有“育”。这样的教育方式是低级的，无法提高到人性的高度，无法培养孩子成为一个合格的人。所以即使你已经为人父、为人母，也不意味着你就能承担父母的责任。那么在家庭教育中，父母都有哪些责任？怎样才能教育好孩子呢？

由北京师范大学出版社出版的《教育学者谈家教系列丛书》谈论了如何做父母，如何在家庭中培养孩子。此丛书简洁生动，蕴含了进步的家庭教育理念，读了之后让人豁然开朗。家庭教育学是一门科学，我们应当遵循它的规律，使孩子健康地成长；家庭教育是一门艺术，父母巧妙有效地实施让孩子成长为一个健全的人。家庭教育永远是最值得关注的。

(一)家庭教育——"培根教育"

刘良华教授说：家庭是人成长的根部和根本，家庭教育是"培根教育"。家庭教育出了问题，孩子将会成为"问题儿童"。这样的孩子在日后社会生活中将遇到诸多的困难或者导致人生的失败。

家庭是孩子成长中最初始的环境，家庭是一个人生命的摇篮，是人出生后接受的第一个教育场所，具有终身性，贯穿人的一生。人正是在这个最初的家庭教育中，学习、认知、定位自身的家庭角色，学会同他人合作、相处与竞争，最终达到人与人的和谐相处。一个自然人成为合格的社会人所具备的各种素质和基本行为规范、道德素养都依赖于家庭这个场所——在其中实践并得以体验和发挥，得到适当的调整后才能在社会交往中达到人与人的和谐相处。可以说，在社会中人与人之间和谐相处的基本功来自家庭。没有家庭的培养，一个人不能成为合格的社会人。

有句话也说道：推动摇篮的手，也是推动国家发展的手。家庭教育失败，整个国家就陷入衰败。为什么现在我们越来越多的关注家庭教育呢？因为我们已经意识到家庭教育的重要性。家庭是社会关系中一个基本的关系，家庭是社会关系的基石。社会中的社会生命个体首先是家庭生命体，每一个家庭生命个体构成了社会生命个体，构成了社会群体。如果我们把社会视为一个有机整体，那么家庭就是这个有机整体的细胞。

(二)孩子的成长需要父母的在场

有人曾说过：对孩子来说，母亲角色的缺失是残忍的，而父亲的缺席将会给孩子带来难以弥补而深远的影响。缺少父母亲情的教育是残缺的，残缺的教育难以达到人的完满。在上述系列丛书中刘良华教授写道："对孩子来说，他极度地渴望爱，又极度地渴求安全感。在爱与安全感两个要素之间，任何一个要素的缺失，都将对孩子的成长构成不可修复的伤害。"张文质教授也在书中写道："你(父母)和孩子的关系越亲密、越自然，你对他的影响就越广泛，你能够改变、改善、帮助他的地方就越多。"一个生命的成长正是在父母的视野中一点点成长，在父母的爱中成长。爱是生命中温情的彼此相伴。家庭日常生活所形成的爱融入内心，铸就坚强的生命，使生命获得一种坚定，使孩子最终成为一个独立的人。但是，我们不能忽视这样一个现实，在我们现代生活中，每个人都行色匆匆追求自己的成功，这些人也是孩子的父亲或者母亲。由这些父母所组成的家庭，成功欲望、金钱欲望、物质欲望等掏空了父母与孩子间的珍惜和温暖；这样的家庭教育背弃了孩子的成长，孩子在成长的道路中成为一个孤独的、弱小的小兵。缺失父母亲情的孩子对世界充满了恐慌和拒绝，他将是一个封闭的人。所以，父母一定要尽可能地陪伴孩子成长，只有父母的在场才能给孩子充足的爱和安全，有父母陪伴的孩子将是一个开阔的人。

在这个意义上，父母们需要记住：下班的路应该是回家的路；周末的时间是属于家庭的，属于孩子的！

(三)"仙女妈妈"和"伙伴爸爸"

孩子喜欢听故事，喜欢童话故事。他们希望自己就是故事中善的天使，打败恶的英雄，或者渴望生活中也能出现帮助自己走出困境的天使。那么，让我们的母亲来充当这个角色吧。母亲，你的怀抱仅仅有爱是不够的。张文质教授在书中写道："对我们而言，我们缺少的是一个化身成仙女的母亲，一个神奇的、美丽的天使，一个给予我们无限宽容和安慰的人，一个对我们永不放弃，总是最后能让我们获救的人。"母亲，请你从现在开始做一个"仙女妈妈"，孩子的成长不仅需要你的爱，使他获得更多的温暖、安全、宁静；更需要你在他成长过程中给予无限的宽容和安慰。你的爱让孩子成长，你的宽容与安慰让孩子坚强。在"仙女妈妈"的养育下孩子将是一个勇敢的人，对外在世界充满了无限的向往，在你的爱的关怀下孩子愿意打开他的心扉，与他人和世界沟通。

父亲，孩子的爸爸，请你成为孩子的好伙伴，陪伴他成长。在孩子的成长过程中他需要一个能和他玩且能给他提供帮助的好伙伴。张文质教授在书中写道："我们怎么才能当好父亲、当好母亲，也许我们重新做回一个孩子就可以了，我说的是应该让一颗童心重新回到我们的心灵，就是我们能够以一个孩子的方式去看一个孩子，而不仅仅以一个成人去看孩子。"父亲的陪伴增加了孩子的自信和阳光，父亲对孩子的温情陪伴就是为了成就阳光自主的他。孩子也十分期待父亲的在场，在孩子的眼里父亲是强大的，父亲代表着正直和安全。孩子需要在父亲的搀扶下触摸外在世界，在父亲的引导下感受外在世界的美好。有父亲陪伴的孩子将是一个性格开放、渴望交流的活动家。父亲，请你记住：当孩子在仰望你的时候，他也在渴望着仰望整个世界，期盼有一天他能进入这个世界。

孩子的成长是一段脆弱而希望闪烁的历程，需要父母的指引和爱护。父母深入地走进孩子的内心世界，理解他们的想法，以他们的眼光看问题，站在他们的立场上想问题，这样能帮助孩子更好地成长。正是在这样的点滴中，父母铸就着孩子的独立人格，完整着孩子的人生。

(四)理解童年的秘密并守护儿童的智慧之光

教育好孩子的前提是了解并理解孩子，充分尊重一个生命自然成长的过程。张文质教授在书中说："人的生命都存在着无限的神秘性、无限的不可知性，对所有的生命我们都应该保持谦卑、敬畏和谨慎。"刘良华教授在书中写道："每个儿童都有自己成长的秘密，这些秘密构成了儿童之间的差异：一是性格上的差异；二是智力上的差异；三是性别上的差异，即男人(男孩)和女人(女孩)的差异。"

每个孩子都有自己的成长秘密，这些秘密就是孩子的特性。父母需要了解并理解孩子，跟上孩子成长的脚步，不能快也不能慢。孩子的成长正是需要我们这样的耐心与尊重，在这个过程中我们还要鼓励它、小心翼翼地帮助它，留心守候着孩子们智慧光芒的闪现。对于父母而言，最重要的并不是给予孩子们智慧，而恰恰是守护住他们的世界中本有的智慧，不让它们掩盖在成人世界的维权之中。

1919 年，鲁迅著文《我们现在怎样做父亲》。90 多年后，怎样做父母，依然是一个严峻的问题。北京师范大学出版社出版的《教育学者谈家教系列丛书》无疑给我们重新思考今天怎样做父母的问题提供了思想的空间，细细品味，受益匪浅。做新时代的父母，培育新时代下的孩子，父母的改变才能引导孩子健康的成长。当我们期待孩子们多受教育的时候，应该考虑的一个问题是：首先需要教育的是父母自身。

我们今天怎样做父母

——《妈妈的日记》序

见过许多慈爱的父母，也见过许多优秀的孩子。今天让我们从《妈妈的日记》中来体会这样一位平凡而又伟大的母亲。现在市面上有很多的育儿书本，大都类似于武林秘籍，把某种教育的方法讲得神乎其神，然而它只是一块在武林秘籍面纱之下可以被任意拉捏的泥巴，忽视了家庭教育中最重要的究竟是什么。那么，让我们来读读《妈妈的日记》，让我们跟着张慧云妈妈，来细细体味孩子的童真，走进孩子的世界。在这质朴的铅字中你会发现父母原来可以这样做，孩子原来可以这样疼；你也会恍然大悟原来每一位平凡的父母都可以是伟大的家庭教育家，只要你用心去和孩子一起成长。

在这本《妈妈的日记》中，作者张妈妈从孩子出生起就用日记和信件记载孩子（龚然、龚克）的成长生活。翻看每一篇日记、信件，你会发现孩子成长中的一地鸡毛，并没有带来无止境的烦恼，你会发现陪伴孩子成长是一件幸福的事情。且让我们跟张妈妈一道，走进孩子的世界，和孩子一起成长，体味张妈妈的家庭教育理念。

（一）对孩子来说，我们是父母而不是家长

周末的时候，张妈妈会和孩子们一起，去森林里探索自然的奥秘，虽然那里没有童话故事中的动物和猎人的房子，但是正是这泥土的气息和植物的芬芳给了孩子思绪的放飞。在一些家庭教育理念中，许多的父母扮演的角色是严厉的，他们总是充当着孩子家长的角色，忘记了孩子的成长需要的不仅是父母的管制，更是父母温暖的怀抱和柔软的臂弯。唯有在这里，他们才能找到成长的依靠。他们不是成长道路上的孤身只影，他们的心灵中随时有着父母亲切的陪伴，孩子成长的背后是父母温情的注视。

在孩子的成长过程中，父母会不可避免地遇到一些不如意的状况，作为陪伴者的父母，不是急于把他们拉到我们所期待的轨道上来，而是——至少首先是理解他们，陪他们继续往前走，走不通时再让他们回过头来重新走。张妈妈的孩子也是普通的孩子，他们也会有学习的困惑，也会有成长的烦恼。张妈妈总是鼓励孩子勇敢地面对问题，耐心地等待孩子胜利的微笑。其实每个孩子的成长都有他自己的特性，有性格上的，有智力上的，还有性别上的，这些特性构成了孩子成长的特点。父母要尊重孩子的这些特点并理解孩子，理解他们的"好动""好玩"，甚至"好吃"，理解"贪玩"作为孩子的"本性"，跟随着孩子成长的脚步，不快也不慢。孩子的成长正是需要我们这样的耐心与尊重，我们要在这个过程中鼓励他们，小心翼翼地帮助他们成长。正如张妈妈所写，"美好就是要自由自在"，我们对孩子的教育最重要的，莫过

于让他们尽可能多地获得"自由自在"。

(二)以故事陪伴孩子的成长

每天晚上，孩子伴着妈妈讲的童话故事入睡，这样的画面多温馨啊。我想孩子一定会有一个美妙的梦。在梦中他和善良的小矮人成为好朋友，在梦中他和小红帽一起勇敢地制服了大灰狼……张妈妈每天晚上都会给孩子讲童话故事，有时候还和孩子一起用"填空"的方式复述童话故事。正是这些童话故事满足了他探索的欲望。虽然那个年代大多讲的革命故事，但这些故事同样成了激发孩子生命理想的契机。故事是孩子认识世界的一种方式，是孩子一个重要的精神空间。孩子刚来到这个世界的时候是空白的，世界的一切都向他敞开着。故事以儿童的视角给孩子提供了一个富于童趣的幻想和想象的世界，促进儿童精神生活的发展。然而在故事中，儿童会遇到现实生活中的人生问题：恐惧、死亡、不义、绝望、从童年进入成年、寻找伴侣、追寻生活的意义……故事正是以情、理、趣相结合的方式，自然而然地把儿童引向人类永恒价值的思考，真善美与假丑恶的冲突交织，以一种切近儿童生命存在的形式，温暖儿童对人类基本价值的尊重与认同，从而在潜移默化中锻造儿童的精神品格。

(三)给孩子最重要的礼物是交流与分享

孩子问妈妈："为什么人会做梦？"张妈妈耐心解释："这是因为人的其他器官在休息，但大脑神经还没有休息，还在继续活动。"孩子又问："什么叫大脑神经？"妈妈又指了指脑袋。这是一个细小的案例，这个小案例中体现出来的是母亲跟孩子之间的彼此无隔的交流。贯穿张妈妈与两个孩子的共同成长，一个重要的方式就是日常生活细节中的交流与分享。孩子有什么话都跟妈妈说，而张妈妈也总是耐心地倾听，善意地指导，长此以往，孩子就养成了有什么事就跟妈妈沟通的习惯。分享的过程，不仅是亲子沟通情感的过程，而且是理解孩子的发展，发现并分享孩子的成长点滴，同时也引导孩子成长方向的过程。

(四)对孩子的爱需要理性的节制

爱是一个人对他者生命的理解、尊重和付出。我想每个做父母的都愿意为孩子付出，甚至付出一切。但是这并不是孩子需要的完整的爱，孩子还需要理解和尊重。这就需要父母耐心倾听孩子的声音，尊重孩子对生活的理解和追求。张妈妈和每个妈妈一样都是无比爱自己的孩子，但爱自己的孩子并不是占有，孩子应当有自己的生活，所以，在日常交往中，任何人都不能替代孩子们自己去思考和选择，而是促进、帮助他们思考和选择。在现实生活中我们却缺乏理性的爱，溺爱不是爱，它是犯罪。这种爱的给予和孩子的需要不相契合，它使孩子远离自己的生活，孩子被限制在一个成人化的世界中。孩子得不到他的生活他会快乐吗？当然不能！他会幸福吗？肯定不会！孩子要生活在自己的世界中去感受生活的乐趣，体验世界的美和人生的美，只有享受自己生活的人才会快乐，才会幸福。只有理智的爱才能让孩子积极地把握这个世界，才能给予孩子真正的幸福与快乐。孩子会有孩子的名言，孩子会有孩子的真理，孩子会有他自己的生活，孩子也会逐渐拥有他们独立于父母的、属于自己的人生。张妈妈总是呵护孩子成长中的这些宝藏。

也许你正在为孩子成长的非理想状态而烦恼，那么请你停下慌乱的脚步看看张妈妈的《妈妈的日记》，它是张妈妈的育儿档案，但是这份档案不仅是属于张妈妈，同样属于每一位辛勤的母亲。它当然有它那个时代的痕迹，同时又超越了特殊的时代。细细品读这质朴的文字，你会发现，张妈妈用她细腻的心和温柔的爱给了我们现实家庭教育光明的一面。孩子的成长需要父母用心去呵护，去感悟，去品味。这个世界，没有教育子女的捷径，唯一的秘籍，就是平等地和他们站在一起，亲历共同成长。和孩子一起成长，就是最好的教育方式。

"我"如何走向"你"

《我与你》中译者陈维纲先生在译序中用巴乌斯托夫斯基《金蔷薇·夜行的驿车》中安徒生的事例来说明"我—你"关系的发生：

当安徒生把一朵绯红的玫瑰奉献给旅店里那位奇丑无比的洗碗碟的小姑娘时，他这样做并非出于屈尊俯就的怜悯之情。一切怜悯都是有待的，有待于他人的美与小姑娘的丑，有待于她地位的卑微，有待于她与其他对象的比较，一句话，有待于命运的偶然。但在这一刹那的"我"与"你"的相遇中，在者之间因偶然性而产生的差异顿然消失，她的丑陋、卑微不过是命运的任意捉弄，而"我"超越时间与宿命与她之"你"相遇。因为，尽管她不过是一有限有待的相对物，她的"你"却是超越这由冷酷无情的因果性所宰制的宇宙的绝对在者。此时此刻，"你"即是统摄万有的世界，而"我"以我全部

70

的生命相遇"你"那备受煎熬、歧视的灵魂，"我"因"你"的每一痛苦、每一欢乐而战栗，"我"的整个存在都沉浸在"你"的绚烂光华中。

在这个事例中，如果安徒生看这个小姑娘，看到的是一个奇丑无比的洗碗碟的女孩，这个小姑娘在安徒生的世界中只是一个"看"的对象，一个施之可怜的对象，安徒生作为施予者的形象出现在这个小姑娘面前，相遇并没有发生；当安徒生在献花的刹那，小姑娘的奇丑无比已经不再重要，在安徒生的世界中她已成为一个去对象化的"你"而与"我"相遇。

马丁·布伯用"我—你"关系与"我—它"关系来概括人对待他人的态度。"我—它"关系是一种考察探究、单方占有、支配利用的关系，它只是我认知、经验、利用、改造的对象，"我"为主体，"它"为客体，由主到客，由我到物。"我—你"关系则是一种亲密无间、相互对等、彼此信赖、开放自在的关系，双方作为同等的主体双向来往，亦取亦与。两个主体以坦诚、信任的心态去释放自己全部的个性和生命力，并由彼此生命的"相遇"，走向"包容"，走向单一生命的整全。

"我—它"是人生在世的基本关系，为了自我生存及需要，人必得把他周围的在者——其他人，生灵万物——都当作与"我"相分离的对象，与我相对立的客体，通过对他们的经验而获致关于他们的知识，再假手知识以使其为我所用。布伯说，"人无'它'不可生存，但仅靠'它'而生存者不复为人。"人不仅居于"它"之世界中，人同时也居于"你"的世界之中。当"我"与"你"相遇时，

71

"我"不再是一经验物、利用物的主体，"我"不是为了满足我的任何需要而与其建立关系，"我"是以"我"的整个存在，"我"的全部生命来接近"你"。"我"与"你"的相遇，不仅见证了"你"的生命的辉煌，也焕发了"我"的生命存在的整全。

人生活在世界之中，生活在与对象的交往之中，人在通过对象化的实践来显明自身存在的本质，人与对象的关系直接地就成为个人自身存在方式的表征，我们以何种方式与对象打交道，我们就拥有怎样的人生。人生活在现实之中，认识、探究、评价、判断、反思这种对象性的活动方式成为人生在世的基本存在方式，它使我们心存劳碌，又不可避免。尊重他人他物，开放自我，包容他者，超越主客体生存姿态，寻求与他人和世界的相遇，提升生命的境界，成为我们超越现实而进于理想存在的基本路径。

"我—它"型师生关系与"我—你"型师生关系也经常成为我们谈论的主题。在现实的师生关系中，相互认识、探究、观察、评价、吸收、改造往往成为常态，尽管我们极力反对专制、控制、塑造型的单一的师生关系，但实际上"我—它"型师生关系依然是师生交往实践的主导性师生关系。所以，我们提出，要以"我—你"型师生关系来改造现成的不平等的师生观。对"我—你"师生相遇型精神关系的追寻与期待，这对于我们改善现成师生关系，提升师生交往的品质很有启发和助益。但问题在于，"我—你"型师生关系乃是一个理想型师生关系，是不可能在实践中被彻底实现的。对"我—你"关系的误解与滥用，不仅无益于师生关系的改善，反容易错把他乡作故乡。

追寻"我—你"师生交往关系，并不是显明教师的品德有多高尚，多么能关爱、体贴学生，而是——首先是显明教师的这样一种生存姿态：敞开自我生命，积极迎接外在生命世界，把自我生命与外在生命世界融合在一起，外在生命世界不再作为外在的他者，而成为当下个人生命的一部分，正是在与外在生命世界的相遇之中，外在的他者生命首先成全了"我"，使当下的"我"成了一个完整、充盈的生命存在，此时此刻的"我"无待而求，"我"就是一个完整、自足性的世界，"我"就是世界。正因为如此，"我—你"师生关系的追寻其目的并不是改造对方，而首先是或者说就是提升自我，提升自我生命存在的境界，成全自我，促成自我当下生命的完整，与此同时也成全对方，成全相遇之中的学生生命，让当下相遇之中的师生共同感受生命之间彼此的相互关涉，感受生命的美好与和谐，感受生命存在的自由与舒展。

如果说"我—他"关系是人与人之间关系的一种现实，那么"我—你"关系就是一种理想。师生走向"我—你"关系，就是从现实走向理想，从现实的此岸走向理想的彼岸，从人性走向神性，当下相遇之中的个人以不复为一个为现实世界所纠缠的个人。人与人的相遇总是在刹那之间，总是短暂的。"我—你"关系是不可以长久持存的，我们总是在认识、观照对方，试图去理解对方，并且寻求对方的理解与沟通，融入对方的生命世界之中。实际上在绝大多数师生交往之中，师生双方彼此都处于对象性关系之中。"我—你"关系首先存在于我们的内心之中，是作为教师的我们对自我生命状态的一种仰望，是一种对教师自身人格状态提升与不断超越的期待。"我—他"师生关系才是一种更基本的师生关系，是人与人交往的基本关系，"我—你"师生关系正是发生在现实的"我—他"师生交往关系之中。那种动辄言称"我—你"师生关系的构想只能是没有现实基础的空中蜃景。

我们来看这样一个事例：

> 他叫苏×福，是个可怜的孩子，他母亲很早就去世了，父亲跟别的女人结婚了，把他扔给爷爷奶奶就不管他了。他的学费基本是老人家节衣缩食省下来的，有时姑姑看他可怜，也给他交学费，买衣服。
>
> 给他测试过智力，并不属于弱智，专业术语是"临界"，可以随班就读。可他学习非常不好。别说是学习，就是向我问好时，他也总分不清"早上"和"下午"。有一次，我下午到学校，他殷殷地追过来，"王老师，早上好!"我笑了，他意识到自己说得不对，想了半天才说"王老师，晚上早!"还有一次，不知道谁给了他钱，他买了一支崭新的自动铅笔。他很高兴，一看见我就骄傲地举着笔，"王老师，你看!"我问他，"谁送你的?"他更得意了，"买的!"我又问他，"一支铅笔多少钱?""五毛钱。"我接着问，"那两支铅笔呢?""一毛钱!"把我给笑得。（王妤娜：《让上帝的孩子回到天堂》，福建论坛•社科教育版，2004年第6期）

在这里，当这位王老师敞开自己爱的胸怀去迎接那个可怜的孩子时，存在着"我—你"关系发生的契机，小孩可怜可笑的特征都已不重要，他作为一个活泼的生命进入老师的生命世界之中，与老师的生命相融合；但当王老师执着于现实世界的评价标准和个人作为教师的身份意识时，老师就没有真正敞开自我去与这个学生相遇，两个人的生命世界始终是游离的，难以超越主客体的藩篱。

实际上，现实中我们大多数情况下师生关系的实践都是在主客体交往的关系框架之中。正因为如此，对于现实的师生交往而言，我们只能是持守对象性的"我—他"型师生关系，首先把学生看成现实的他者，心中怀抱"我—你"师生相遇的理想来拓展"我—他"型师生关系实践的内涵，扩大师生民主，促进师生平等的实现，努力去认识、倾听、理解学生，包容、接纳学生，在师生积极对话的过程中成全学生，也成全教师自身当下生命的完满。理想很美好，但现实更真实。两种关系，缺一不可。这绝不意味着我们默认现实师生关系之中的问题，恰恰只有正视问题，正视现实，我们才可能真正解决问题，改善现实，提升现实师生关系的层次。我们一方面需要正视现实，不至于把师生关系过于理想化，教育实践活动乃是十分复杂的活动，它需要我们实实在在地张扬个人的现实理性；另一方面，我们又需要踏实地面对现实问题之所在，胸怀理想，用理想的师生交往关系来改造现实的师生交往，提升师生交往的品质。

和朋友吃饭聊天时，他说了这样一件事：在某小学门口，每天上学时一边站着 4 位少先队员，有老师进来就举手喊"老师好"，但可能是成为常规的缘故，许多老师视而不见，有的骑自行车的老师更是车也不下，直接过去。我知道这种现象绝不是个别，尽管我们口头上标榜我们的师生关系多么现代，教育观念多么时髦，其实骨子里大家还是外甥打灯笼——照旧。所以，在这种背景下，在我们的教育、我们的社会远没有实现人与人之间人格的平等的状况下，在我们的教育乃至我们的社会实际上远没有真正实现内在精神的现代化的条件下，谈论更具理想性、个人性的"我—你"型师生关系，实际上只能是空中楼阁，无从谈起。正因为如此，我们现在的任务并不是，或者说还没有达到去追求如何高妙的师生关系境界，而是在我们的教育中，在我们的社会中，实实在在地倡导一种人与人之间人格平等的观念和积极的实践，一点一滴来提升我们的教育品质，改造我们社会的交往品质。

在此意义上，谈论师生关系的改造，与其用"我—你"关系，不如用民主、平等的师生关系更现实、更实在，更有针对性，更具操作性。"我—你"型师生关系是一种个体人格与生存意义上的交往关系，更具个人性与理想性；民主平等的师生关系则是一种政治和社会意义上的交往关系，更具社会性和现实性。民主、平等的师生关系乃是立足"我—他"世界，对传统权威—专断型师生关系的改造。

当然，民主、平等的师生关系的建立同样不是作为教师在学生面前的一种恩赐，而是一种教师与学生个人生存状态，一种生存品质的塑造，一种师生独立、自主、尊重、宽容的生命存在方式的表达。实实在在地承认每个人之个体人格的独立性与平等价值性，把每个人都看作一个独立而丰富的世界，从内心深处接纳每一个学生，同时也不忽视自身人格的独立性与完整性，在此基础上与学生平等交往，自由交流。在与学生平等的交往中，在成就对方的同时也成就了教师自身作为完全人格之存在，这就是民主、平等的师生关系的核心，即师生双方互相把对方视为目的，而不是手段。

有了民主平等这种更实际的师生交往关系框架做基础，师生"我—你"的相遇就随时可能发生在我们平常的教育生活之中，提升我们教育生活与教育人生的品质。

心灵偎依着那所叫作母亲的学校

3月2日，坐在外面晒太阳，忽然想起许久没有给在乡下的母亲打个电话。拨通手机，里面传来母亲温暖而哀伤的声音："铁芳，我想你呢。你还好不？"听到母亲一句"我想你"，老大不小的我马上眼泪潸然而下。因为我经常睡不好觉，母亲随后就问，"你现在睡得好不？"尽管我还是有些失眠，但我马上克制自己，佯笑着说："我现在睡得好多了，这段时间我还胖了几斤。妈，不用担心。"妈妈听了我的回答，少许有些开心。说了几句，妈妈就说："你忙，不要为家里担心，我和你爸都好。"挂了电话，我心里止不住一阵酸痛。忽然想起，早就该写篇以母亲为题的文章。写一篇文字给母亲，我文盲出身的母亲却看不懂。我只有把文章写给天下的母亲和母亲的儿子。

我母亲是一位极普通的农村妇女，没有读过书，最大的特点就是非常爱我。我的心中常常会想起的一幅图景，就是母亲依偎在门旁，望着我离开家门，一步步走出村口，直到看不见。这幅图景从我小时候去读书，后来到益阳读师范，后来回到乡中学教书，1990 年又考到省城长沙读大学、工作，我离母亲越来越远，而母亲依偎门旁眺望的形象久久不变。每次离开家，我都不敢回头望，怕自己的泪水难以自禁。我知道，母亲那远望中饱含着对儿子的一片痴爱和梦魂萦绕的牵挂。

好母亲就是一所好学校。正是文盲的母亲用她满怀的爱逐步滋润了我的充满爱意的人生，开启了我对人世爱的关切的门扉。心灵偎依着那所叫作母亲的学校，温暖而亲切，无论走在哪里都不会孤独，都不会丢失心中的爱意，都会心怀感激；无论为人为文，都让人难以割舍一份对人世的缱绻爱意。如果我对教育的思考与言说中都内含着这份人世的爱恋和对于人间温暖的牵挂，别人也许能从中读出人间滋味，而不是天马行空，那么这份功劳首先应该属于我的母亲。还记得十多年前读到的一句写妈妈的诗，"你的爱是满满的一盆洗澡水/暖暖的，几乎把我浮起来"，那盆叫作母爱的洗澡水暖暖地浸泡着我的爱意人生。

也许向来勤奋的我可以成为母亲的骄傲，但对于母亲而言，她所期待的并不是这份骄傲与荣耀，而是儿子在外的平安与幸福。第二次世界大战北非阿拉曼战场盟军留下这样一则无名烈士墓的碑文："对于这个世界来说，你只是一个士兵；对于母亲来说，你就是一个世界。"我也知道，其实任何一个人都难以强大到离开他，世界就无法运转，我们都只是芸芸众生中普通一个。但对于母亲，我真的就是她的生命与世界的全部。

梁晓声曾在改编电视连续剧《钢铁是怎样炼成的》中写下了这样一个镜头：乌克兰茫茫雪原。一辆马拉雪橇由远而近。一个瘦弱的妇女驾着疾驰。雪橇上是病重的保尔。母亲将他拉回家来。

保尔："妈妈，这么多年，我背你而去，没有给你音讯。你都没有责怪我。"母亲："不。孩子，我是责怪你的。不管你离家去干什么，家总是要回的。是吗?"平凡的母亲就是儿子们心灵的家，面对母亲，儿子们漂浮的心回到踏实的大地。

我总觉得，教育的目标固然是要培养各种社会所需要的人才，让人认识世界、探索世界、改造社会、融入历史，但任何教育都是在人间，教育所培养的对象都是生活在人间的普通个人，教育当然要引导个人如何积极超越有限自我，追求智识的清明与卓越，但这并不是教育的一切。教育同时要启迪人的平凡性，让人意识到其实我们每个人都生活在人间。胸怀天下固然重要，但这绝不意味着我们就可以堂而皇之地忽视我们身边平凡的爱意，真心关爱身边每一个爱与被爱的亲人同样应是教育的应有之义。

曾读到季羡林先生九十高龄时写下的《赋得永久的悔》：

　　我已经到了望九之年。在过去的七八十年中，从乡下到城里；从国内到国外；从小学、中学、大学到洋研究院；从"志于学"到超过"从心所欲不逾矩"，曲曲折折，坎坎坷坷。既走过阳关大道，也走过独木小桥；既经过"山重水复疑无路"，又看到"柳暗花明又一村"，喜悦与忧伤并驾，失望与希望齐飞，我的经历可谓多矣。要讲后悔之事，那是俯拾皆是。要选其中最深切、最真实、最难忘的悔，也就是永久的悔，那也是唾手可得，因为它片刻也没有离开过我的心。

　　我这永久的悔就是：不该离开故乡，离开母亲。

当然，季羡林先生要是没有走出家乡，他就不可能有今天，也写不出这样的文字，但其中所包含的那份对母亲深深的歉疚之情确实是赤子之心的流露。"我后悔，我真后悔，我千不该万不该离开了母亲。世界上无论什么名誉，什么地位，什么幸福，什么尊荣，都比不上待在母亲身边，即使她一字也不识，即使整天吃'红的'（红高粱）"。九十高龄的季羡林先生用不着矫情，这样的文字朴实无华，真挚感人。我们当然应该关怀国计民生，但我们怎么就能轻率地忽视母亲对儿子的那份牵挂？教育当然不能把每个人都培养成拘泥于个人私己性情感的旋涡之中，而看不到外面的世界，教育理所当然应该启发个体不断超越的自我意识，敞开个人通向宏大社会世界的心灵窗口，赋予个体人生以丰富的价值蕴涵。但我们同样应该看到，一个连自己母亲的爱都可以弃若敝屣的人是很难指望他能很好地关爱他人与社会，一个动辄可以轻抛个人私己情感的人并不一定就很伟大，同样一个非常珍爱个人情感牵挂的人并不一定就很渺小，就像季羡林先生那样。一个人与世界的丰富联系其实正是从母亲开始的，当我们不断地回溯母亲寄予儿女们的那份珍贵的情感，我们就是在不断地回溯我们个体生命之根。

正以为如此，教育同样需要引导个人学会去珍爱那份朴素的人伦之情。虽然那并不是教育的全部，但那是人为人的教育的基本内涵。

常常想起母亲，让我们对人、对世界、对教育，心中平添一份朴实、平凡与温暖。

孕育爱，孕育智慧

——当代教师修养的两个关键词

教育不是简单的体力活，不是靠着一种蛮劲苦干实干就可以搞好的，教育需要一种清明的智慧，我们今天的教育非常需要远见卓识。作为教师，我们需要去积极探询自我教育行为的根本意义，这种意义的探询，其指向是双重的：一是指向教育的对象，即我们的教育实践究竟在培养怎样的人；一是指向自我，即我们的教育实践对于自我生命究竟意味着什么。前者让我们在浮躁的教育实践中不迷失教育的方向，后者让我们在繁杂的学校生活中不迷失自我。教育作为一项精神成人的志业，首先意味着成全学生的生命，任何教育行为旨在促进学生的人格健全与身心卓越。同时也意味着教育自我生命的实现。我们在把一颗心奉献给学生时，我们也在享受着教育。教师职业决不仅仅是蜡烛，教师在照亮学生的过程中也要把自我人生照亮，燃出自我生命的意义。正因为教育的根本指向乃是学生生命世界的成全与教育者自我生命的实现，所以，教育从根本而言，是生命的艺术、心灵的艺术。作为生命艺术与心灵艺术的教育实践的两个关键词就是爱与智慧。

我们经常可以发现，特别是小孩子，其实到大学也有这种倾向，即因为喜欢某一老师而喜欢某一门课。情感是教育的基础，没有爱就没有教育。这是一句老话，但我们必须深究这句话的意义。真正的爱是自我在他人中的存在。爱是教育实践中教育者生命走向学生生命世界、学生生命向教师敞开的根本要素。没有爱的润泽，师生彼此的生命世界是隔离的，不可能有真正的交流。正是在这个意义上，没有爱就没有教育。

夏丏尊在《〈爱的教育〉译者序言》(1924)中这样写道："学校教育到了现在，真空虚极了。单从外形的制度上方法上，走马灯似地更变迎合，而于教育的生命的某物，从未闻有人培养顾及。好像掘池，有人说四方形好，有人又说圆形好，朝三暮四地改个不休，而于池的所以为池的要素的水，反无人注意。教育上的水是什么？就是情，就是爱。教育没有了情爱，就成了无水的池，任你四方形也罢，圆形也罢，总逃不了一个空虚。"只有爱，才能真正改变学校作为工厂一般存在的命运。为什么今天会有如此大面积的厌学情绪，不仅是学业落后的学生，很多好学生也厌学。教育成了这样，就是虚空，真的是空虚极了。当大量的孩子，仅仅是给父母考学校，而不是给自己的生命寻找有意义的出路之时，教育的内在贫困就可见一斑。这反过来也看出，教育必须敞开个体心灵的自由，让个体徜徉在自由之中，接受陶冶，感受、传达、显现教育之爱。

把握教育真谛的一个关键词就是爱，没有爱就没有教育。什么是爱？爱就是自我在他人中的存在。每个人都把自我置于他人的生命世界中，彼此共同分享，共同创造，建构富于爱的教育空间。只有爱才会真正有交流，一个教师如果不能焕发学生的爱意，这种教育便是虚空的。教育如果不能启发一个人生命深处的爱意，那么这种教育无论表面多么辉煌，也只能是非人化的教育。

　　教育需要爱，这种爱不止是一种情感，还是一种实践的智慧。教育实践智慧的根本在哪里？

　　在这里，教育的实践智慧就构成教育真谛的第二个关键词。教育的实践智慧由两个层面构成：一是对教育根本目的的理解与领悟。人格的教育、生命姿态的引领永远比知识更重要。教育真正的目标是沉淀在个人生命中的东西，知识的正确性与人性的和谐相比，后者永远比前者更重要。教育要找到最基本的东西，除了最基本的东西外，教育还要面对今天的孩子到底需要什么？要为今天的教育问题去把脉，从日常小事中去寻找当代教育所需要的大智慧。这是当代教育智慧的第二个方面，怎样融个人于时代之中，我们必须把握教育的时代主题。

　　特蕾莎修女曾这样说，"最让我担心的东西只有一个——金钱"，她就是担心金钱蒙住了人的眼睛，蒙住了人心，心的污染才是真正的污染，人的欲望是无止境的，今天平庸化的教育实际上已经慢慢显现出来，越来越多表现自我的品质，在今天社会中最大的受害者是没有选择机会的儿童，功利化的社会早已通过教育将他们沾染。当代教育的技术化以及被教育技术化的儿童和他们技术的表达，他们很多话是我们想象不出来的，最终是他们没有自己的语言，高考作文很多都是网络小说的味道，邻居小孩画画就是杀了多少个人，让孩子养宠物培养爱心，这要打一个大大的问号，要尽可能让他们找到自我童心的方向。

　　正是在这个意义上而言，重建教育文化，培育美好的心性品质乃是当代教育、特别是小学教育的根本任务。而这种重建，不是简单地去设计儿童的文化，恰恰首先是倾听，是尊重，是发现，是理解儿童生命之中的真纯，并加以适当的引导。有时候，不是小孩要感谢大人，而是大人要感谢小孩，是他们的真纯给我们成人世界指明了生命的方向。

今天，置身现时代的教育最基本的问题就是两个：一是公民教育，引导个体处理置身公共生活中的问题，把个人的行为建立在对自我行为的理性决断之上；二是幸福，面对个体、面对自我心灵生活，引导学生培育他们幸福的心灵。幸福是跟情和爱相关的，公民教育是和主体意识与实践能力相关的，二者可以渗透到我们每堂课之中。我们今天越来越多地处于多元、快速发展的社会之中，这既给我们每个人的发展提供了无限的可能，同时也很容易带来发展中的迷失。教育需要不断地回溯、认清自身的基本问题，要引导小孩找到生命的真与爱，真与美，为他们置身纷繁多变的时代之中，能找到生命的根基，找到生命发展的方向，从而让我们的教育走出平庸，走向对人性卓越的追求。

第三辑　读书像呼吸一样自然

以经典孕育智慧

　　对于多数国人而言，教育就是"教书""教知识"，就是"德、智、体、美、劳"的教育，就是"素质"的培养，就是"传道、授业、解惑"，就是"温故知新""因材施教"，就是"学而优则仕"，就是"与生产劳动相结合"，就是"面向现代化、面向世界、面向未来"。这或许是我们对于"什么是教育"所能想出的基本的回答，这些答案或来自传统，或来自领袖话语，或来自对教育的最简单的认识。这些答案的某种合理性自不待言，关键在于，它们是否来自我们内心的思索？我们是否意识到"什么是教育"是一个与我们的教育生活实践息息相关的、我们时常面对的"问题"？

　　今天，我们越来越多地意识到，我们的教育实践不能止于简单的知识技能授受，也不能止于对现成教育理论与实践模式的照者搬来，而要更多地依赖于我们自身对教育教学的参与性、创造性理解，依赖于我们内心深处的鲜活理念与实践智慧。当我们固守于我们既有的教育理念，甚至是极为有限的那些关于教育的

"大话""套话""老话"，而缺少智慧的、深邃的心灵撞击时，我们的心底便很难滋生激励我们自身的教育生活实践的鲜活理念。

"问渠哪得清如许，为有源头活水来"。鲜活的教育智慧来自我们对外在世界的开放，来自我们的实践反思，来自我们广泛的阅读，更来自我们对那教育的"源头活水"的吸纳。"一石激起千层浪"，与经典为友，与教育历史上那些智慧的心灵对话，那些在历史长河中被不断审视而风采依旧的经典智慧，总让人常读常新，一次次地敲开我们为现实的劳碌而锁闭的心扉，让我们一次次地重新去思考教育教学的基本问题，审度我们自身教育实践中的匮乏。

早在古希腊，柏拉图就在《理想国》中提出，"教育非他，乃是心灵的转向"。在柏拉图看来，教育就是引导人们超越于日常感觉世界之上，去追求那真知的世界，追求那使灵魂得以安宁的"至善"的境界，这奠定了古典人文教育关注人的心灵美善的基本精神。他强调教育只是促使心灵转向的技巧，这种"灵魂转向的技巧"，"不是要在灵魂中创造视力，而是肯定灵魂本身就有视力，但认为它不能正确地把握方向，或不是在看该看的方向，因而想方设法努力使它转向"，他主张"教育实际上并不像某些人在他们的职业中所宣称的那样，他们宣称他们能把灵魂里原来没有的知识灌输到灵魂里去，就好像他们能把视力放进瞎子的眼睛里去似的"，这意味着教育从根本而言就是或者说只能是诱导的、启发的，而不是灌输的，教育的任务不在注入，乃在导引学生使其自求知识，柏拉图因此而成为"西洋启发教育之始祖"。

进入现代社会，随着科学技术的发展，社会的功利化诉求日益提高，教育也随之功利化。19世纪的英国教育家斯宾塞（1820—1903）提出，真正的教育的目的应放在人的生活的实际需要上，"为我们的完满生活做准备是教育应尽的职责"，强调教育应关照人的实际生活的需要，他把科学和技术性知识引入学校课程，并认为，在教育中"什么知识最有价值？一致的答案就是科学"，从而奠定科学教育在现代教育中的核心位置。

斯宾塞在强调教育应当为未来生活做准备，强调教育的实际功能的同时，在很大程度上忽视了当下儿童生活的价值，从而为教育对儿童所施加的各种压力打开了方便之门。20世纪的美国教育家杜威（1859—1952）在《我的教育信条》《学校与社会》《民主主义与教育》等著作中反复言称，教育不是生活的准备，"教育即生活"。"一个人在一个阶段的生活和在另一个阶段的生活，是同样真实的，同样积极的，这两个阶段的生活，内容同样丰富，地位同样重要。"儿童的生活和成人的生活地位同样重要，现在的生活与将来的生活地位同样重要，杜威强调"教育即生活"，正是强调教育应关照现在的、儿童的生活，从而使儿童生活本身的价值在教育中凸显出来，让他们能从当下的生活中得到乐趣，而不仅仅是将儿童现在的生活视为另一种尚无可知或知之甚少的生活的准备。

如果说杜威旨在纠偏于赫尔巴特、斯宾塞以来教育对儿童的遗忘，雅斯贝尔斯在有着丰富人文资源的德国文化传统中，重提教育乃是"人的灵魂的教育"，则大有越过现代教育的功利化趋向，回复到教育作为精神陶冶的本质，他在《什么是教育》中反复谈及，"教育的过程首先是一个精神成长过程，然后才成为科学获知的一部分"，"创建学校的目的，是将历史上人类的精神内涵转化为当下生气勃勃的精神，并通过这一精神引导所有学生掌握知识和技术"，"我们要想振兴，就必须让教育的内涵超越实用的技术教育和宗教限制"，"专门技术训练将人制造成最有用的工具"，从而坚决地抵制现代社会、现代教育的技术化、机械化对人的心灵的贬抑与压制，反对教育把人变成训练的机器，力主教育乃是人的灵魂的教育，试图让现代教育重新回复到对人的心灵与人格精神的关照。尽管知识技能的传授不可缺少，但真正的教育必须超越于此，而上升到培育人的精神、安顿人的心灵的高度，以接近教育的本质。

我国现代最著名的教育家蔡元培先生，早在 20 世纪初就提出"教育者，养成人格之事业也"，他认为"教育者，非为过去，非为现在，而专为将来"，所以教育不能以一时的事功为鹄的，"教育家必有百世不迁之主义"。简单地把成人世界中现成的标准强加给儿童，让"儿童受教于成人"，这是旧教育的做法，新的教育应该是"成人受教于儿童"，倾听他们世界的声音。他强调教育的独立，"教育是帮助被教育的人，给他能发展自己的能力，完成他的人格，于人类文化上能尽一分子的责任；不是把被教育的人，造成一种特别的器具，给抱有他种目的的人去应用的"。他以他的教育理念来改造北京大学，"思想自由，兼容并包"，使北大由一所封建士大夫养尊处优的"疗养院"一跃而跻身现代大学之列。他以对教育的"知"贯穿于他的教育之"行"，及其个人的人格魅力，在中国现代教育史上写下 20 世纪最辉煌的篇章。

重温经典，总是让我们不能不一次次地叩问现实，叩问我们的内心，究竟什么是教育？我们今天是在进行真正的教育吗？或者说我们进行的究竟是什么样的教育呢？看看我们今天的教育现实，知识的灌输、技能的训练而不是陶冶居于教育的中心，教育完全不是灵魂转向的艺术，而更多的是人才培养的"加工厂"，教育远离儿童的生活，学生在沉重的负担中看不到生活的目标与意义，学习对于他们而言成了与心灵相隔离的苦役。我们又在何种程度上实践了先贤的理念？对于教育实践中的芸芸我们而言，实际上是先性性地放弃了对"什么是教育"的思考，放弃了思想教育的权利、责任和义务，大家只是在依凭政令、权威话语、习惯、常规来从事教育活动。那么，今天，我们提出，要尽可能多地去接近经典，接近经典的教育智慧，意图在于，以经典来启迪人心，来开启我们自身的教育智慧的门扉，从那里出发，寻找到我们自身对教育的参与性理解和创造性阐释，形成我们的教育智慧之活水。

读书"像呼吸一样地自然"

（一）我的读书故事

我生命之中的第一层读书痕迹，是始自少年的文学阅读。大概是小学五年级的时候，邻居老师带回一本《武陵山下》的战争小说，那是我最早读到的小说，对于战争年代故事的喜好，是我们那个年代孩子的基本特征。暑假里，同伴借来《三国演义》，可谓我经典阅读的开始，尽管只是关注了其中的故事情节，但那时对古典名著可谓心怀无比的敬意。

少年读书的一个重要事件是在初一的时候，一个同学的哥哥送我两卷本的繁体字《古文观止》。虽然读不懂，但那却是一扇唤起少年的我的读书梦的窗口，它让我对读书充满了一种梦想与好奇。初中毕业，在县里参加中师面试的时候，买到了简体版的《古文观止》，那个暑假就背诵了《滕王阁序》。中师三年，文学名著和现代诗歌成了我阅读的主流。二年级的时候，买到了一本厚厚的《唐诗鉴赏词典》，如获至宝，从此很长一段时间每天晚上寝室熄灯前后在洗漱间昏暗的灯光下背诵一首唐诗，大概背了两百多首。那个时候主要受文学梦的指引，这也是我们那个读书年代的特色。

阅读的转型应该是在大学二年级的时候，特别是读了《老子》《周易》，慢慢地打开了另外一扇阅读的窗口。从此开始逐渐接触到哲学，特别是海德格尔，一开始接触就让人迷恋，尽管似懂非懂，但对个人一种思维品质的提高，起到了非同寻常的刺激作用。随后开始了一种大量的学术性阅读，从国外的学术大家到国内的学术名家，一点一点敞开了个人的阅读世界，叶秀山的唯美、刘小枫的婉丽、钱理群的沉吟，不同学者的生命气质融入我的血液之中。大学毕业，朋友赠我数本旧《读书》杂志，从此开始密切关注国内知名人文学者的思想前沿。

阅读的第三个阶段是读博士以后，开始了接近古典的阅读方式，尤其是对于柏拉图等古希腊哲人的着迷，逐渐形成了个人的学术旨趣和对经典意义的理解。如果说少年轻狂的阅读难免浮躁，那么，随着古典阅读的开始，我逐渐找到了内心的执着与宁静之路，读书与思考也逐渐开始一点点走向成熟。

读书激励我思考，思考激励我写作，我从少年时的文学迷一步步走上教育研究之路。阅读、思考、写作，就成了我生命的三个基本要素。

(二)阅读滋养生命

古人有云，所谓"三日不读书，则面目可憎，言语无味"。记忆中，自大学毕业工作以来，一年难得有一两天一页书都不翻。每天读书一个雷打不动的时间是睡觉前，一边读书，一边用铅笔做些标记，并把自己的心得随手写在书页上。有时会读得兴奋，扰乱了神经，难免一夜不眠。即使是大年三十，我也会安静地读读书。出差在外，也总会精挑细选，找一本便于携带的好书，空闲时就翻翻。前些日子去北京，带了一本西塞罗的《回忆苏格拉底》在火车上看，睡觉前把书放被子下，早上起来忘记拿了，只好回头另外买一本，只是中间的读书小记没有了。

我本是一个长在边远小山村的毛头小子，正是阅读让我一点点走出小山村，走向外面的世界。广泛的阅读，最直接地开启了我的知识视野，扩展了我的世界。更重要的是，长期以来对阅读的喜好，逐渐使得阅读成了我生命的一种习惯。经常性的阅读，不仅让我保持着思维的敏感性，而且让我找到了生命的充实。

少年时代积累起来的文学阅读孕育了我的温热的情感——充满想象的理想主义情怀，对丰富而复杂的人性的敏感性，以及一种对汉语言的感觉。我从小就喜好写作，正是文学阅读让我对汉语言文字有一种特别亲近的感情，下笔之中就好像是跟自己的兄弟姐妹打交道，不至于让自己的文字面目狰狞。这其中对我影响至深的作品，一是罗曼·罗兰的《约翰·克利斯朵夫》，那种命运的抗争感动人的灵魂；一是康·巴乌斯托夫斯基的《金蔷薇》，我久久留恋其中的人文气息，特别是写安徒生的那篇，读到最后维罗纳晚祷的钟声响起，让人心底止不住嘘唏，泪光闪闪。

　　文学、史学、哲学的广泛阅读，扩展了我的知识视野与人文趣味，拓宽了个人的生命视野，让我更充分地进入这个世界之中存在。这方面的关键性作品主要有雅斯贝尔斯的《智慧之路》，让我感受思维的明晰；海德格尔的《存在与时间》，让我感受思维的深邃；鲁迅的杂文与沈从文的小说散文，启发我思考教育问题的中国视角。而对古代经典的阅读，则培育了个人的学术志趣，这其中的代表作是柏拉图的《理想国》，我单纯就译本就看了至少 5 遍，还找来了英文本的《理想国》，追随柏拉图成为我孜孜以求的学术志业；此外，《老子》《论语》《庄子》《红楼梦》让我在追随柏拉图的同时，反观中国古典智慧，从中寻求当下教育精神的出路。

　　就这样，阅读一步步陪伴着我的生命成长。正如我在一本黄旧的读书笔记本的扉页上所写，时间是 1995 年 11 月 16 日："读书不是点缀，不是装门面，不是附庸风雅，而是一种生存方式，一种寻找和启发灵魂最佳状态的形式。"阅读培育了我的生命情怀，滋润了我的生命质地，提升了我的生命境界。阅读改变命运，更重要的是，阅读滋养生命。

(三)阅读的层次与类型

　　反思阅读与个人生命成长相伴的历史，我清晰地发现，阅读对于生命发展具有层次性，这种层次性与个人生命发展的阶段性遥相呼应，不同的年龄阶段有不同层次、不同类型的阅读相适应。

文学阅读无疑应该作为基础性的阅读，少年阶段应该打下文学阅读的良好基础。文学阅读不仅仅是涉及个人趣味的问题，实际上是奠定一个民族的精神基础，或者叫作精神的底子。良好的文学阅读直接启迪个人良好的生命趣味、历史文化意识、民族认同感。如果少年时期没有打好文学阅读的底子，则一个人在成年后也许需要必要的补课。

在文学阅读之上，便是通识性的阅读。通识性的阅读无疑就是给人提供一种开阔性的视野，提升人的社会认知，培育成熟的理性。如果说文学阅读是情感性的、生命性的，那么通识阅读则更是理智性的、人格性的。文学阅读滋润生命的质地，通识阅读则化育独立的人格。

阅读的第三个层次是经典阅读。经历了历史长河的不断筛选，经典实际上就是人类心智的最充分的表达。经典阅读无疑乃是全面地深化、拓展、提升我们的思维、情感的广阔性、深刻性，扩展我们的理性的不可替代的形式，它让我们更充分地分享人类生存的经验，获得一种人之为人的一种最充分的陶冶，体验人之为人的境界。可以说，人之为人在这个世界中所能达到的最高境界，就在经典所敞开的世界之中。

就阅读的类型而言，大抵离不开两种：一是功利性阅读，或者叫功效性阅读，也就是直接地想从阅读中马上获得效果的阅读；二是教养性阅读，或者叫趣味性阅读，也就是一种为读书而读书的阅读，一种不仅让自己读书，同时让书来读我们自己、也就是让书香来浸染我们自己的阅读。前一种阅读往往直接着眼于我们的生活需要，由于有些急促，难以沉入个人的生命深处；后一种阅读，因为重在趣味，久而久之，潜移默染，一个人的生命趣味就在不知不觉中改变。

(四)阅读的方法与路径

朱熹在《观书有感》中妙语话读书："半亩方塘一鉴开，天光云影共徘徊；问渠哪得清如许？为有源头活水来。"读书确实是教育实践精神的源头活水，但更重要的是，这个源头需要不断地保持它的鲜活性。阅读最重要的是坚持，慢慢来，读书的味道要在不断的切磋与琢磨中才能出来，一口气吞不下一个大胖子，心急火燎，是难以读出好书中的趣味的。读书当然可以着眼于直接解决问题，但读书更重要的作用乃是培植，即培植自己的灵魂。在这方面，速度和效率是行不通的。

读书入门很重要，趣味是一点点培养起来的，好的开始等于成功的一半，一旦开始阅读时找到了读书的乐趣，接下来的阅读就顺理成章。入门宜选择适合自己兴趣的、可读性比较强的、有一定引导性的作品。脱离自己的兴趣读书，阅读难以产生充分的意义感；可读性不强，枯燥乏味，提不起阅读兴趣，反会暗淡对读书本身的兴趣；选择的书太难会导致知难而退，太容易往往又导致不屑。如果一开始就把自己的读书胃口败坏了，最好的书到了手上，也不过是一堆废纸。

阅读中要处理的核心关系就是博与精的关系。好比旅游，如果一个地方待得太久，你就看不了多少风景；如果来去匆匆，你就实际上什么风景都没有真正看到。读书也一样，我们需要博览群书，但同时又必须深读几本切合自己的经典之书。博览可以扩大我们的视野，提高我们的敏锐性；深读则可以提高我们的深刻性，让我们体悟经典幽深的魅力。只有博览，容易流于肤浅；只有深读，容易导致偏狭。

就阅读的具体路径而言，大致有两种，一是从个人遭遇的问题入手，也就是从个人感兴趣的实际问题入手，去寻找与问题相关的书籍来读，找到能与自己产生共鸣的阅读入口，再顺藤摸瓜，沿着其中涉及的相关文献，进一步展开与这个问题相关的深度阅读书目。二是选择经典阅读，从公认的杰出经典出发，一点点啃，反复阅读，适当参考相关解释性书籍文献，一点点消化吸收，让经典一点点地成为我们心灵中不断唤醒的力量。经典阅读尤其需要慢工出细活的工夫，没有三番五次折腾，往往根本就进不了其堂奥之中。我在不同的场合向本科生、研究生和老师们推荐的一种阅读理念，一定要阅读经典。到目前为止，经典阅读乃是滋养我们生命根底的最好的、最重要的路径。

(五)阅读经验的传递：培育读书群体

随着大学扩招，学风也开始变得有些浮躁，大学生忙于考研、挣钱、交友，阅读的氛围有些降低。不仅如此，我们的大学教育其实目前更多的是专业化教育，而不是通识，过早地把学生置于专业学习之中，导致他们视野的狭窄，这就是我们常说的"大学不大"。有一次读到北京大学孔庆东的一篇文章，"少爷小姐请读书"，深有同感。我利用尽可能的场合，提示学生尽量读些好书，经典的书，不要停留在几本教材的记诵之上。我期待能用自己有限的经验尽可能多一点地影响我身边的学生。

2006年6月底，在几位朋友的怂恿下，我开通了新思考网站上的个人博客。有了这个平台，我又多了一个推介读书的平台。在这里，我转贴了大量的人文学术文章，向大家推介我心中的人文界的优秀作品。我的推荐以人文理念为主题，一是经典以及经典解释的文章书籍；二是我所读到的当代人文理念作品；三是包含着人文理念的随笔、叙事、案例等各种类型的文字。心中常怀着这分牵挂，自己不仅在经常性的阅读中获益，而且也感受到了能与人共同分享的快乐。

以个人博客为平台，我随即组织了麓山之友教师沙龙，读书是其中的重要活动形式。我们一方面倡导大家进行个人性的阅读，同时又选择性地组织共读一本书，并进行会议交流讨论。近一年来，麓山之友沙龙已陆续开展了5次读书会。阅读书目多以经典教育书籍和文章为主，如卢梭的《爱弥尔》、我主编的五四教育美文选《新教育精神——重温逝去的思想传统》、范梅南的《儿童的秘密》，还有日本黑柳彻子的《窗边的小豆豆》。我们还组织阅读了钱理群先生的《我的教师梦》，意在唤醒教师的教育理想，获得一种深度的教育启蒙。

读书会是一个很好的平台，它让阅读不仅仅停留在个人的思考与探索上，而是在师长的引领与同伴的交流中进一步获得自我的确认和心智的拓展。我们的读书会一般提前发布读书信息，包括书目、版本介绍、交流时间等信息的公布。在个人阅读、写出读书笔记的基础上，举行正式的会议交流。每次安排3至5个中心发言人，中心发言人就自己的阅读体会做主题发言，之后，其余的参加者自由交流。结束前，我再进行适当的总结与提升，并布置下一次的阅读安排。这样的聚会，老师们完全基于个人志愿，读书时大家一起读书，谈自己的思考与困惑；不读书时聊聊天，不一定是解决问题，重要的是在每个参与者的心中敞开一道理想的读书空间。林语堂曾这样说过，趣味好比放电，需要摩擦才能出来。读书也一样，彼此交流，等于是把大家的阅读所得汇集到个人的心中。

在我看来，教育实践的中心在教师，任何教育改革必须落实到作为真实教育实践主体的教师身上，才能获得教育实践的根本性改善。而教师的根本在于教师的心灵。以积极的阅读来滋养教师心灵，无疑乃是提升教育实践品质的核心与关键。在这个意义上，以读书来孕育教师个体的教育实践精神就变得十分重要。尽管外在教育体制的改变非一朝一夕之功，但立足教师，扩大他们的自由，以阅读作为切入点，实实在在地丰富、提升教师的心灵生活，不失为当下教育改革的切实可行的路径。

(六)我的教师阅读书目

经常有教师朋友请我推荐一个书目，我也会随意说出几本。因为不断有人问及，我便从个人经验出发，粗浅地罗列了一个个人性的推荐阅读书目。书目包括三大类。

一是教育教学细节类阅读书目：苏霍姆林斯基的《给教师的建议》、马克斯·范梅南的《教学机智——教育智慧的意蕴》、帕尔默的《教学勇气》、佐藤学的《静悄悄的革命》，以及当前基本比较优秀的教育随笔，包括肖川的《教育的理想与信念》、朱永新的《我的新教育之梦》、张文质的《唇舌的授权》、刘良华的《教育自传》、刘铁芳的《守望教育》、吴非的《不跪着教书》、王丽的《中国语文教育忧思录》。

二是教育综合类阅读书目：雅斯贝尔斯的《什么是教育》、杜威的《民主主义与教育》、卢梭的《爱弥尔》、纽曼的《大学的理念》、布鲁姆的《走向封闭的美国精神》、弗莱雷的《被压迫者教育学》、金生鈜的《理解与教育》、石中英的《知识转型与教育改革》、刘云杉的《学校生活社会学》，以及刘铁芳主编的《新教育的精神——重温逝去的思想传统》、傅国涌主编的《过去的中学》。

三是发展性阅读书目。西方作品：柏拉图的《理想国》、亚里士多德的《尼各马可伦理学》、黑格尔的《哲学史讲演录》、丹纳的《艺术哲学》、康德的《道德形而上学原理》、尼采的《查拉图斯特拉如是说》、海德格尔的《存在与时间》、阿伦特的《人的条件》、巴赫金的《陀思妥耶夫斯基诗学问题》、史怀泽的《敬畏生命》、福柯的《规训与惩罚》、帕斯卡尔的《思想录》、罗尔斯的《正义论》，以及索福克勒斯悲剧、莎士比亚悲剧、陀思妥耶夫斯基的《卡拉马佐夫兄弟》、康·巴乌斯托夫斯基的《金蔷薇》。中国作品：《论语》《庄子》《红楼梦》《鲁迅全集》，以及几位当代人文学术名家的作品，包括钱理群的《心灵的探寻》、刘小枫的《拯救与逍遥》、李泽厚的《美的历程》、叶秀山的《美的哲学》、邓晓芒的《灵之舞》等。

具体书目多有疏漏，但个人意向还是非常明显：其一，我主张理念引导行动，素养决定境界，所以教师阅读不应是技术性阅读，而应是理念性的、素养性的，我开出的书目都不是那种拿来就可以照搬的策略性教师读物。其二，教师阅读可以从跟教育教学直接相联系的理念性阅读出发，但不应停留在这个层次，还需要扩展到更深广的教育理论层次，提升教师的教育视界；不仅如此，教师的素养还需要超越教育理论素养而上升到人性的素养，教育实践的高度实际上决定于个体人性的高度，所以，作为优秀的教师还可以进一步去阅读那些更深的、引领个体人性升华的作品。

正如鲁迅所言，"地上本没有路，走的人多了也就成了路"。严格说来，阅读其实没有什么非如此不可的灵丹妙药，最重要的是，每个人自己的阅读兴趣，以及建立在个人阅读兴趣之上的适合自己的阅读书目、方法与路径。

多年来，不停地读书思考，已经逐渐地成了生命的一种习惯，就像鸦片，三天不见，心就痒痒的。对我自己而言，阅读已经成为个人生命中的一种习惯。阅读是我个人精神成长中的不竭动力。因为阅读，我获得了一种生命的充实。我深深希望以一己绵薄之力，在讲台上，在与教师朋友们的交流中，在网络上，尽力营造读书、思考、交流的氛围，给沉闷的教育现实注入一丝活力。

翻开旧日的读书笔记，找到里克曼描述狄尔泰的一句话，心戚戚焉："他是我所遇到的第一个这样的人——对于这种人来说，学习像呼吸一样地自然。"虽不能至，心向往之。

教师的阅读

教师的教育能力，乃是一种心灵生活的能力。一个优秀的教师，其优秀之所在的根本，并不在于华丽的教育技术，而在于心智的优秀。

随着教育体制化的逐渐深入，我们今天的教育越来越多地遭遇一种平庸化的危机。尽管课程改革呼吁扩大教师的自由，但由于课程改革并没有真正涉及促进教师自由的机制问题，而只是以一种理念灌输的形式来倡导教师专业自主，实际上，当下教育生活越来越多地陷于外在的规定之中。教师如何越过外在的各种藩篱，全身心地回到教育自身，回归到真实的教育生活情景之中，追求教育生活的优良？根本性的路径正是激活教师的心灵生活。一个真正优秀的教师，就是能在任何时候，都能以自己杰出的心智敞开自身教育实践的人性意蕴，使得教育生活本身成为积极扩展学生优良心智的场域，而不是被动适应当下体制的教学车间。

　　教师的阅读无疑是激活教师心灵生活的不二路径。在我看来，激活教师心灵的文字，首先是优秀的文学作品。作为中国人，有史以来，那些优美的汉语言作品，真的是我们人生之中最好的陪伴。文学阅读一方面可以激活我们对自然、世界、人生的细微感悟；另一方面，优秀的汉语文学阅读，可以扩展我们对汉语言本身的优美体验，丰富教师的语言世界。我们所思所想都在语言中，优美的汉语言体验，无疑是激活我们心灵世界的基石。如果说文学是激活我们心灵世界的敏感性，那么哲学阅读则是提升我们内心的理性视界，所谓站得高才能看得远，必要的哲学阅读让我们从浮华的人间事务中超越出来，占到人类、生命、永恒的视角来思考周遭的一切，从而极大地扩展我们心灵的高度。此外，我们还可以随意浏览历史、政治、时事，从中体察人间冷暖，扩展心灵的广度，扩展我们对我们生活其中的这个唯一的世界的认同。在这个基础上，我们再选择优秀的教育类图书，激活心灵世界对教育自身的敏感性，扩展教育认识的深度与广度，我们就不仅拥有一颗作为人的优秀的心灵，而且拥有一颗跳跃的教育心灵。

我曾经根据自己的阅读喜好，草拟了一个带有个人心向的教师阅读书目，但实际上对于每个各不相同的教师而言，并没有非如此不可的必读书目。恰恰最重要的是打开适合自己的阅读世界。比读什么更重要的，是不断的阅读本身。

当然，好书之好不会自动地言说，任何好书都需要我们亲身细读。除了关注读什么，我们还要思量怎么读。离开了细细揣摩，那种匆匆赶路的阅读，很可能会把其中最好的趣味一一错过，只剩下几句空洞的教诲。真正杰出的作品，其意义往往不在表浅的文字本身，而在字里行间。

在一个表面上越来越开放、骨子里其实越来越封闭的社会中，教师可能需要一种安静的阅读，不跟风，不唯权威，不盲从于当下的时髦教育话语，凭着自己内心的渴望，选择契合自我心智发展的书刊，于忙碌之中选择一个闲暇的时空角落，安静地读上几段，细细揣摩，静静相望，让教育世界幽微的声音一点点呈现在自我灵魂之中，一点点伸展个人心灵世界通往教育生活堂奥的曲折幽径。

以阅读来激活丰富的心灵
——与刘铁芳教授对话

时间：2009 年 11 月 9 日下午

地点：开福区东风小学多媒体教室

对话参与人员：

湖南师范大学刘铁芳教授（以下简称"刘"）

"开福教师书香滋养小组"成员：文峰（以下简称"文"）、邱晓燕（以下简称"邱"）、王莺艳（以下简称"王"）、罗湘其（以下简称"罗"）

主持：吴春花（以下简称"吴"）

整理：唐泽霞

对话实录：

吴：让我们以热烈的掌声欢迎刘教授！刘教授您好，非常高兴有这样一个机会和您面对面交流。刘教授您的很多书比如《守望教育》《教育讲演录》已经成为我们学校老师的必读书目，在座的都是您的粉丝。

刘：谢谢大家。

吴：今天还有我们书香小组的其他老师和您面对面交流，让我来介绍一下：青竹湖湘一外国语学校的文峰老师、清水塘小学的邱晓燕老师、东风小学的王莺艳和罗湘其老师。

其实刚才我们从对您的介绍中都有所了解，您一直致力于教师的读书，比如您组织的"麓山之友"读书沙龙。我们想了解为什么您这么关注教师的阅读呢？

　　刘：怎么说呢，对于我而言，更习惯的空间是站在讲台上，和学生没有距离，至少没有这么远的距离，和学生随意交流。今天这个平台，更适合于秀，让领导出席，现在变成了老师间的交流。我不是很习惯这种很正式很隆重的交流，我更习惯于随意的交流。所以大家千万不要把我看作高高在上的专家。我想我今天到这里来是作为三个身份。第一个是老师，我是一个普通的老师，每天生活在对教育生活的期待之中。第二个，我到这里来非常真切地感受到大家的一种对于教育的理想的情怀，特别是前面三位老师，应该说都讲得非常好。这是我们教育事业的重要基础，也是我们对教育事业的本身情怀。第三个，我们大家都是作为爱书者。正是因为三个共通的身份，我们才可以坐在一起，随意的交流，没有必要把我和大家隔得这么远。

　　至于我为什么这么重视读书，这个东西没有什么特别的理由。第一，我喜欢读书，第二，我喜欢我周围的朋友和我一起读书，我想这就是最基本的理由，真的。在这个世界上，有很多很多东西，有很多很多闪亮的东西，但是只有读书，在静静地读书过程之中，那么我们的心才可以听见我们自己的声音。所以，当我们过于在喧闹之中的时候，也许，学会在书中听听我们自己，应该来说，不失为生存的一种基本姿态吧。

　　吴：的确，刚才我们从唐泽霞老师的讲述中就知道，刘教授不光自己读书，而且身边的人也在读书，而且您已经带动了很多人读书。像我们的文峰老师，在我们小学男老师是不多的。他读过您所有的著作，是您忠实的粉丝，所以他早就想抢话筒了。

刘：我插入一句，我感到很遗憾，前面三位老师发言，竟然没有一位男老师。（众笑）

文：提到读书，我想说几点。我在湖南师大文学院读书时，很少关注教育书籍，那时候就听说过刘老师，但没怎么了解。后来参加工作，才开始接触刘老师的书。最早的一本是唐泽霞老师刚才提到的《守望教育》。给我印象最深的是封面有着很酷、很帅、很睿智的刘老师照片的《给教育一点形而上的关怀》，我包里其实还带着这本书。不能讲我是您最忠实的粉丝，只能说是一个信老师，信老师道的人。

吴：谢谢文老师，他的讲述道出了我们很多人的心声。我们书香小组的老师今天都是带着问题来的，哪位最先向刘教授请教？

邱：刘老师您好，我是清水塘小学的艺术老师。两年前，我被糖糖老师吸收到您的麓山之友沙龙，并参加过一些有关教师阅读的在线研讨活动。对您我一直非常敬重……

刘：我插入一句，我这个人最怕表扬（众笑），所以请少说客气话，实实在在交流就行。

邱：我说的是实在话。第一次读您的书，是来自罗炜老师的推荐，我到绿叶书店一口气买了您所有的著作，《生命与教化》《追寻有意义的教育》《守望教育》等。当我读到那些文字的时候，我产生了深深的震撼，也产生了敬意。我一直认为，高校的老师一直是高高在上，当我发现您那么关注基础教育工作的时候，我非常震撼。在您这个真正的读书人面前，我觉得自己真的是沧海一粟。作为小学艺术老师，我们该怎样在阅读中提升和丰富自己呢？

刘：在艺术上，你是我的老师。所以我一定要说，作为一名艺术老师怎样来提升自己，可能有些难度……

我曾经听过两个艺术老师的课，我曾经也写过一篇小文章《教育是一种柔顺的力量》，那个音乐老师教孩子们吹口琴，吹的是《茉莉花》的曲子，在这个中间，我有很深的感触。艺术老师，特别是有母性的艺术老师，真的就像妈妈一样，给孩子以柔顺的抚慰。当时，班上98％的孩子都卷入进来，只有个别孩子某些时候有些游离。所以，艺术是一种卷入，从这个意义上而言，作为艺术老师，怎么样很好地理解艺术对于儿童的童性的抚慰，这是个很重要的主题。所以我们一方面可以看艺术方面的书，来理解艺术的真谛；另一方面，看关于艺术教育方面的书，特别有一部很好的电影《生命因你而动听》，讲的是一个音乐老师，怎样把一个个调皮捣蛋的孩子，转变成一个找到自我尊严，找到自我在他人、在学校中的位置，从而成功地确立了自我，使原来荒蛮的心灵变成柔顺的心灵，这样一个教育的过程。艺术教育本身，也是一门艺术。所以仅仅增加艺术书籍的含量还不太够，还可以增加这样一些东西，包括艺术教育的哲学，包括一些比较好一些的对于教育的理解；第三个方面，理解儿童。儿童哲学类的书，如周作人的文章《儿童的文学》，在我以前编的《新教育的精神》书里有收录到。读一读，看看他们怎么理解儿童的。所以，怎样理解艺术，理解教育，理解儿童，艺术教师的阅读应该包括这三个方面。

邱：谢谢刘教授！

吴：我想不管是什么学科老师，阅读都可以分成三个层面，一是关于儿童阅读，比如儿童的心理学、人格等；二是教育学，教育技巧案例型；三是学科的本体知识，如艺术老师关于艺术专业方面的知识，语文老师就是文学理论方面。是这样理解吗？

刘：对。整体而言，教师的阅读包括三大块：学科方面的知识，教育技能技巧，理解生命、理解儿童、理解我们的教育对象，这是大致的三个方面。但是，中间有一点我们要特别注意，就是你刚才讲的，理解儿童，比方说心理学，教育的技能技巧方面，对我个人而言，我不太过于注重技巧，不很赞同把学生看作纯粹心理的对象，所以，我认为的理解儿童，是把儿童看作健全的、独立的、活生生的生命，是一种理念和意识层面的，对于教育本身的理解也是一样的，就是我们要意识到一方面教育的技术是很重要的，教育环境的改善是很重要的，但是这仅仅是提供了好教育的基础，提供了作为好教育的基本条件，绝对不等于好教育本身。好的教育来自哪里？好的教育来自好的心灵，来自教师更高的卓越的人性，所以我们一直是以提升教师的优良人性，提升教师的心灵生活境界作为阅读的目标，而不仅仅是把阅读的目标看作枝节的教育教学行为的改善，和对学生的一种纯心理学化的改进。

吴：刘教授，您说得太好了。其实，刘教授您所说的我们经常在思考，我们在生活中经常会遇到一些孩子，每个孩子有个体的差异。我们老师经常有这样的困惑，读一本书，观点很好，很赞同，但放到实践中，就发现有距离。

邱：我也有同感。感觉到理论指导与实践有难以逾越的距离，遇到这种情况，该怎样来处理呢？

刘：我们说的阅读，或者说理论和书籍，对我们自身而言，它究竟意味着什么？所以我们需要在两个层面上来理解，第一个层面，它能够直接给我们带来什么样的改变，对于现实中的问题，我们要能够马上找到一种很有效的方式来解决，提供一种操作的指南。比如像魏书生，在当代的教育学界能够那么流行，我想这中间一个重要的因素就是他能够提供课堂、包括班级管理一些很实用的策略，大家拿过来就可以照着做，这是一种很重要的方式。但是作为教师而言，教育学并不是一件很轻易的事，我们应该看到，教育是应该有一种难度，有一种高度的。在座的老师很多都看了帕尔默的《教学勇气》，所以教学是需要勇气的。当把教育转变成一种技术性、控制性的，他并不需要勇气，就好像监狱里的监狱长那样的管理。正因为真正的教育必须是发自内心的，必须促进孩子的内在的精神的生长，或者说是一种精神的历险，我们必须考虑到你怎样才能真正地进入孩子们的内心。美国一个老师说，他总是充满一种失败感，有一种犹疑，总是担心自己没有办法进入孩子内心。所以从这个意义上说，我们必须超越，超越对于技术化的理解。对于阅读来说，还有另外一种阅读，不仅仅是急于解决当下的问题。所以我提倡一种迂回式的阅读，比如说遇到什么问题，我现在一时半会解决不了，那么你要迂回，而不是直接去解决它，从更高的、更基础的问题入手。比如孩子网络成瘾，我不是直接去寻找孩子网络成瘾的阅读方式，而是试图理解，当下的孩子，他们究竟有什么样的心理特点呢？在他们的特点之上，我们用什么样的方式去引导他们？那么我们回过头来看看卢梭，卢梭的《爱弥尔》能给我们很大的启发。我们的现代教育，现在的孩子遇到的一个重要的问题就是孩子们越来越多地进入技术化，被人为的、人造的现代世界围裹起来，他们越来越找不到也感受不到生命的原初的自然，所以他们的生命的视野是先行就封闭了的，所以卢梭提醒我们要不断地回到自然，这样孩子们才有可能寻找到他们生命的本色，寻找到自然生命基础性的发展的起点，这才会有教育的重建。你只是一味地告诫他不要上网不要上网，你没有办法给他们提供一种生命的健全的出路，怎么可能呢？没有办法解决问题。这就是迂回性的阅读策略。

所以我们更需要一种迂回性的阅读，就是更多地回到教育的基本问题，在关注具体教育问题的同时，要绕开它，回到教育的源头来思考，这样才是长远的教育思考的路径，是教育思考的基本策略。

吴：目前老师读的书，在市场上买到的很多。有些是经典，但有些是鱼目混珠，读了反而会起到一些误导的作用。您说是吗？

刘：肯定有的。现在是商业化的时代。所以培根很早就讲过，一种市场的导向，把没有价值的东西炒得很有价值。有一个大家都很熟悉的例子，比如于丹，很多东西都被抬高了。其实于丹是借用孔子庄子来进行一种心灵鸡汤式讲述，并没有对当下民族心理的发展提供一种路径，所以她并没有提升、促进你，而是迎合你。其实真正的教育并不仅仅是迎合化，所以这就是我跟老师们说的一个理念，也是我最近贴的一篇文章，所以真正的教育绝对不是迎合学生的胃口，而是要尽可能提升生命发展的可能性，所以我们要站得更高，只有这样，我们才能真正为孩子们的一生发展负责，为我们的民族负责。

王：我觉得我越坐越坐不下去了，因为我听了刘教授讲的很多书，我发现我在读什么啊，于丹的《论语心得》啊，易中天的《品人录》啊，《明朝那些事儿》啊，我真的有些自惭形秽。我并不能说我是一个潜心阅读的人，我只能说，我每天都在读，家里的沙发上、房间里、卫生间里，都有我读的书，我也在反思自己，确确实实自己的阅读，属于一种浅层次的需要。我想，为什么会造成这样的局面啊？第一，可能是我们中师毕业，知识结构相对单一，毕竟没有上过大学，虽然通过自考拿到了本科文凭，但知识结构比较单一，所以有些书是读不来的，没办法读下去。还有一点，像上了这个年龄的人，白天要上班，晚上要带孩子，家里一堆事，所以我就不愿意花很大的精力去读那些难啃的书，所以读书完全是凭自己的兴趣来，所以就是这种随手阅读、随处阅读、随性阅读，就造成目前读书的浅层次需要了。所以我想请问一下刘教授，面对我的这种状况，有些什么好的建议呢？

刘：首先我要更正你的观点，第一，并不是中师生就读不好一些书，我也是中师毕业生。

吴：让我们这些中师生鼓一下掌怎么样？（众笑、鼓掌）

刘：第二个并不是随手读，窗口、沙发、厕所里面都放书就不是一件好事？恰恰是许多伟大的名人读书都是这么度过来的。我也喜欢这样，虽然我不是伟人名人。通过你的讲述我至少发现一点，对于我们而言，比读什么更重要的是阅读本身。我们通过不断地读，在一定程度上给我们的心灵找到一个释放的空间。我想，这是毫无疑问的，不管怎么样，这就是读书的第一个层次。但是，你刚才说的问题，怎么办呢，无法深入下去，我想有一点，你现在意识到了这个问题，有些书如于丹的读过了，你绝对不会再有再去重翻一下的欲望，比如在座的喜欢读我的《守望教育》，也许个别文章你还想再读，但是有些你可能不会这样。所以我们要读难度更高的。我认为，重要的是有读书的习惯，有对读书的兴趣，然后慢慢地你自然会选择更好的书来读，当然还有一种情况，包括唐泽霞刚才讲到的，就是你要不断地去树立一个新的目标，真正要找到好书，真正让自己处于一种螺旋式上升的空间的话，还需要经历一个被动的阶段，比如我们倡导经典的阅读。老师们可能都有这些经验，越是经典的越是拿着就头痛。怎么办呢？这里面有两种办法，第一种办法，我现在读不懂经典，我找一些写得比较好的解释性的文字来读，包括网上一些好的硕士论文，可能更好地找到阅读的门扉。另一个办法，就是整个这本书你读不懂，但是你总可以找到里面一些浅显的、贴近的东西来读，这也是一种方式，比如说《爱弥尔》，整本书让你读起来有些厌烦，但是前面婴儿期那一部分，你好好读读，找到感觉了再继续，这就叫作扩展性的阅读。

罗：看来读《苏菲的世界》就要按刘教授的方法去尝试了。刘老师您好，我是东风的罗湘其，也是"麓山之友"的新成员。记得在四方坪小学听您做"教师职业认同与教师专业发展"的演讲，非常激动，您的每一句话简直说到我心坎里。找到职业认同，是在从教十几年后。我深深觉得，当老师获得职业认同，他在琐屑的教育生活中也能找到职业的幸福。那么，我想请问您的是教师怎样通过阅读，能更好地更早地获得职业认同？

刘：怎么说呢，一个人的发展，有他的偶然性，包括刚才唐泽霞讲的她那种人生的际遇，其实每个人都是一样。就我个人而言，当然我从小就比较喜欢读书，一开始就把读书和当老师结合起来。所以，刚刚走上讲台时，也是比较投入，但是那个时期也比较喜欢读书，所以比较好的把两个东西结合起来了。现在我们是要主动地以阅读来提升教师专业发展的境界的话，我想怎么样更好地达到一种效果呢？我讲两种方式，一种是跟着大家走，获得大家普遍认同的有哪些书，比如说，正好前几天我去天津，他们塘沽区也是做我们这样一个事情，做教师阅读节，他们上半年四月份搞英语节，下半年十月份搞读书节，也是做得非常好，让我感觉到教育的希望。他们设计了一个阅读的书目，一个参考的东西，推荐了三四十本书，十部电影，所以我们总是可以从别人所推荐的东西中找到一些比较好的东西，找到一种专业开窍的路径。一个人一旦遇到好的东西，他的灵魂就不会回到没有遇到好东西时的状态。所以我想第一个，就是努力从别人的经验中寻找一些好的有价值的东西。我总是跟学生说，有的人本科、硕士、博士毕业，都没有读过真正的好的东西，但是这个世界上真的有很多非常好的东西，那些东西，你阅读它就会感觉心灵进入了一个完全不同的世界，所以我经常说，我们活在人世间，就是因为世间有一些非常美好的文字。我每次跟大家推荐的，写安徒生的康·巴乌斯托夫斯基的《夜行驿车》，书名叫《金蔷薇》，我说无论你是怎样的心灵，只要你达到了一定的阅读水平，你去读这篇文章的时候，你一定会充满着一种感动，你反复读过四五遍，那么你的感动会更深。所以有了这种体验，我们对于生命的理解，对于人生的理解，对于教育的理解，一定会有所不同。这是第一个，努力去寻找好的阅读经验、体验。那么第二个方面就是积累问题，因为平时我虽然没有很多阅读经验，但在教学中，一定会有很多让我魂牵梦绕的问题，我们有意识地去从日常教学生活中寻找这些问题，然后把问题找出来，我怎么去应对这些问题，很显然，单凭经验是不可能解决的，我要想，这个世界上，有成千上万的人思考过，有很多人也许已经有很多累积的经验，那么我去寻找相关的经验来充实我自己，这也是一种方式，一种很直接的解决职业生活问题的方式。这是两种基本的方式，一是寻找好的东西，二是直接从自身问题着手。通过这两个方式，我们可以寻找阅读与专业发展这两个东西之间的内在的精神联系。

吴：刘教授，我觉得我可以获得职业认同，如果从阅读这个角度来讲，是我第一次读到苏霍姆林斯基的《怎样培养真正的人》，看完后，我发现我们面对学生，不光是给予他们知识技能，更重要的是关注他们的心灵，能够让他们获得自尊感，能够让他们以后作为一个人能够感受到生活的快乐，这也许是我们作为教师最大的价值，因为他是影响人的工作。

邱：刘教授，还有一个问题想问您，比读什么更重要的是阅读本身，但在这样一个信息技术高速发展的时代，网络能给我们一个更开阔、更广泛的平台，我们可以通过网络直接与专家、与爱读书会读书的老师对话。我想请问您的是，在这样一个网络信息时代，开什么卷更快捷、高效？网络阅读可以替代传统阅读吗？

刘：我想先回答你的两个词语：快捷、高效。这里我想说一点，我们如果把教育、把阅读看作一种心灵的职业，看作心灵的事业。那么这种心灵事业的阅读很难说是快捷和高效，所以很多时候，我们在追求快捷、高效的同时，恰恰需要的是一种缓慢的、沉静的、安静的阅读，所以我们如果总是带着一个目标，比如说我刚才说的读《夜行驿车》，如果我们总是带着一个具体的目标去读的时候，我们就很难体会阅读本身的魅力了。所以一定意义上而言，我们既要追求阅读的高效、快捷，但同时也要追求阅读的缓慢性和安静，阅读是对于我们心灵的一种缓慢的滋养。所以我们既需要功利性的阅读，又需要一种教养性的阅读，一种基于教师职业生涯的整体性阅读，这是第一个。第二个，网络阅读是否能够代替传统阅读？在我看来，代替肯定是不行的，但是我们要认识到，网络阅读带给了我们很充分的资源，本身就是一种快捷的方式，但是在我看来，与其是代替，不如说是一种非常好的补充。所以在这里，一方面我倡导老师们充分地利用网络资源，网络上有很多很好的东西，可以说现在你想要什么东西网上都可以找到，所以我们尽可能地利用网络，特别是网络上一些很优秀的资源，这是一个方面。但另一方面，我们又不能够在网上花费太多时间，其实我自己大家也可以看到，很多时候是因为有很多朋友关注，所以每天我不得不花点时间到网上去，但时间花到网上，自己真正的阅读时间就少一些了。网络阅读有快捷、便捷的一面，这样就失去了沉稳的、更深一点阅读的可能性，所以我们还是要更注重传统阅读，特别是经典阅读，经典阅读就像王老师刚才说的，在床头，在灯光下面，静静地拿一支笔写下你的所思所感来，这才是真正的与大师，与人类最优秀的最卓越的心灵对话。所以在这个意义上而言，网络阅读让我们变得更灵活、更及时，能对当下的问题有一种敏感性，那么，网下的阅读，也就是传统的阅读，让我们沉稳，让我们内在地拓展心灵的深度与高度，两者结合，可以说是一种比较完整的方式。

罗：能不能跟我们举例说一下您读过的最难啃的书您是怎么样把它读出来的？

刘：最难啃的书没有啃完。（众笑）最难读的是黑格尔，纯粹思辨的书很难，一下子是读不完的。对我个人而言，读得比较多的是柏拉图的《理想国》，花了很多的时间，读了很多遍，现在又跟研究生一起一章一章一句一句地读。所以这就是经典的魅力，可以让我们反反复复地去读，不同的人不同的时候可以读出不同的意思，但是每一次阅读都可以让你获得一种精神的滋养。

罗：这就是一种知性阅读吧。

刘：对。

吴：谢谢刘教授。张文质说的"慢教育"，看样子读书是需要我们慢慢做的一件事情。刚才我们交流时频繁出现了一个词，那就是经典，在这里，刘教授是否可以跟我们推荐一些适合中小学老师阅读的经典的书籍，包括电影？我建议在座的老师可以拿出你们的本子和笔来，赶紧记下刘教授的推荐，会让你更快地获得职业认同。

刘：每当要我推荐什么东西的时候，我总是非常犹豫。为什么呢？因为我现在做的事情，并不完全是立足于老师的教学来阅读的，所以对于老师阅读的书很多我并没有很好地读过。这是一个。第二个，作为我个人而言，我也并不认为，某几本书就非得去读，所以我提倡一种个性化的阅读。所以在这个意义上而言，我确实像鲁迅所说的，唯恐误导了大家。当然，对于教育有些书确实是百读不厌的，我好像在我博客中也推荐过。今天再简单地跟大家说一下。我们所说的经典有两种，一种是人类共同的经典，一种是当下大家比较认可的教育书籍。当下我觉得比较好的，随笔性的是大家比较熟悉的。就我的《守望教育》而言，并不是每一篇都写得很好。但有几篇确实是写得不错的，比如《没有故事的教育》《在树下坐一会》《重温海的女儿》……包括讲演录也是一样。所以我们大家选一本书，还要理解书中有哪些地方是对自己有帮助的，有哪些地方也是一般般，不要过于迷信书。当下比较好的阅读，关注书不如说关注一些人，有一些人非常有意思，包括教育学界中青年学者，他们真正地在进行教育的思考，我很敬重他们，包括张文质，真的在用心地做一些事情，所以他的思考中有一些独特的东西。所以我们怎样在阅读的同时和他们一起思考，一起理解他们所想的东西，而不是仅仅是拿来为我所用。我想这就是很重要的方式。要我推荐的话，包括张文质、刘良华、李政涛。李政涛的文字比较少，但他的思考是很不错的。深入一点的，包括金生鈜老师。当然我更注重看一些教育外的书籍，包括像钱理群老师，他们一些对教育的看法与思考，非常不错。另外包括五四时期一些人的思考，非常到位的，包括夏丏尊，包括朱自清，包括叶圣陶，还有一些人，包括周作人、鲁迅的一些文章。我想大家都会有一些渠道来找到当下的现时代的书籍，这些书都是每个老师都可以从中间找到一些阅读的快乐，真的，应该说是这样的。那么，在这种阅读之上，我给大家推荐一些有一定难度的。对于西方教育而言，浅近一些的，比方洛克的《教育漫话》，卢梭的《爱弥尔》，两本书可以对照起来读，他们有相同的地方，比如说他们特别强调体育，特别强调小孩子要放到自然的地方，不要过于宠爱，不要相信医生，不要养成对于医药的依赖。他们比较相通，对照起来读，很有意思。洛克的比较散，要有耐心。洛克特别强调在教育过程之中，当然是家庭教育中，一定要保护孩子的自尊心，不要给他提供太多的规矩。当代还包括杜威的《民主主义与教育》、雅斯贝尔斯的《什么是教育》，这两本书是关于古典教育精神的当下发展。苏霍姆林斯基的《帕弗雷什中学》更值得一看。这是他最成熟的教育的思考。然后，《教学勇气》非常不错。另外刚才在网上看到的文章，是来自《中国教师报》的记者李茂编写的《在与众不同的教室里》，分享的是与美国教师的对话。另外比较经典的还有《理想国》，有点难度，大家要有更高发展的也可以读一读。电影我看的很有限，推荐的是《生命因你而动听》，特别推荐《刺激一九九五》，监狱作为体制化的极端产物，我们当下面临体制化的背景，我们置身于其中，人应该如何自处？面对环境，不如在内心中积极敞开通往自由的通道，最重要的不是抱怨环境，而是在内心找到自由之路，美好的事物将永不消失。中国没有宗教，我们只有通过这种方式获得现行的得救。还有《死亡诗社》，最近在网上看到介绍的《花开花落》，以及《放牛班的春天》等都是不错的。

吴：谢谢刘教授。今天我们的交流，真是听君一席话，胜读十年书。借用刘教授在《守望教育》中的一段话，来结束我们今天的交流。这段话是这样的：

> "随着读书视野的扩大，我真的越来越多地感觉到自己的无知，我深深知道，人类千百年来积累下来的思想宝库，那里蕴藏着人类理性精神的光芒，那是我们现代人的智慧的泉源。以我之敏感心性，我只有以卑微之身，去贴近那些耀眼的智慧之星斗，从中饮得点滴智慧的灵泉。"

愿我们的老师也像刘教授一样始终以谦逊的心态保持阅读的激情！

刘：我还可不可以说一句话。（众笑）我一定要说这句话。我觉得所有讲的东西，要有一个最高的宗旨，最高的目的在哪里？所以读书的最高目的不在于读书本身，而在于激活我们每一个人内心的生活。所以丰富的心灵的生活才是我们教育的基础，才是阅读的根本的目标。我把爱默生的这句话送给大家：

> "世上唯一有价值的东西是活跃的心灵，这是每个人都有权享有的，每个人自身都包含有这颗心灵。所以希望大家拥有这样活跃的心灵，在阅读、在与经典的接触过程之中不断地保持这样一颗活跃的心灵。"（热烈的掌声）

好的，谢谢大家。

吴：谢谢刘教授！谢谢您给我们以精神的指引，谢谢几位老师！

闲话读书、散步与写作

——与学生课间交流

(一)爬山、交流与灵魂的上升

读书一定要交流。每次和学生们一起爬山，随意交流，都会有收获。

如果说散步是走路的哲学，爬山则是走路之哲学中的哲学。山高意味着日常生活空间的远离，实际上提供了一种哲学思考的场域，面对的不再是日常事物。一边爬山一边交流，让人的思维放松，不存在教学空间的强暗示的师生关系，自然地呈现出人与人之间的平等与亲熟。正是这种平等、自由，带来灵感的碰撞、思维的上升。

你提出一个话题，别人可以提出反对的意见，大家也可以随意辩驳，反对、辩驳都是一种参与。柏拉图的对话不在于看到苏格拉底怎么说，而是左右两边的促进，是灵魂共同上升的过程。

教室里，由于场域的特殊性，师生交往难免是两条平行线。

(二)追寻思想的质朴之美

写文章不是规定什么任务，一般有了什么想法就记下来，然后在不断地清思。思维就是不断摩擦、清理的过程。思维要明晰，不断地调整、补充，这样写成的文章才会很顺。

我对写作特点的追求是前后连贯，一种很自然的方式，在平易之中，一点点引出独到的思考。

我追求的美不在文字的美，而是在于思想的质朴美。我期待自己的小文章都能包含重要问题的思考。

(三)好人好比深井

好人好比深井，不喧哗，很安静。现在世界上不喧哗的人少了，平淡中有很久远的味道。真正好的东西就像深井，很朴素。高明的思考都是很朴素的，外在的东西过于喧哗压到了内在的东西。

写作需要回到思想本身，教学也是这样。好的教学同样需要回到教学本身，外在的技术东西会遮蔽你思想本身，诱惑你无法专注自己的思想本身。

做人也一样。正如圣经所说，你要做世上的盐。我们吃饭时离不开盐，但我们好像从来没有吃过盐，盐早已化在菜肴之中。盐是一种理想，一种境界。

朴实的东西需要有眼光的人来欣赏。也许有眼光的人并不多，但总会有的，寂寞其实也是一种境界。

学校网状学习型组织的建构

基于以下理由，一所现代的学校需要教师自身在教学生的同时自己也不断接受教育：社会知识化的程度日益提升，知识的更新加快，这其中也包括作为教师所需要的教育教养性知识的更新；现代教育本身的发展，特别是转型中的我国基础教育，期待教师创造性的职业生活，也期待教师自身的知识转型；终身化教育时代教师个体自身的成长，也需要教师不断地学习。知识生活是学校生活的基本内容，持续的、开放性的学习，是提升学校生活品质的基础。师生共同的学习，使学校成为活生生的知识流动的场域。

教师的学习既可以是个体性、自发的，同时也可以是集体性的、有组织的、系统的学习。对于一所成熟的现代学校，既充分保证教师的个体性的、自主的、个性化的学习空间和学习内容，同时又根据实际的需要，建立有组织的、多层次的小群体或大集体的学习，从而使学校成为以校为本的、以教师为主体的网状的学习型组织之所在。以教师为主体的学习，也包括校长的学习，甚至首先就应是校长的学习，现代的学校需要学习型的校长，不断提升自己的办学理念，扩充自己的知识视野，同时可能对教师的学习给予方向上的必要的引导与支持。

在学校网状学习型组织的建构中，教研组(室)是整个网络结构中最基本的单位，基于共同的教学内容与目标，教研组成员集体备课，相互交流，就相关热点、难点问题共同探讨，充分发挥教研组在学习组织中的作用，使得教研组在学校学习型组织中成为最重要的组织形式。与此同时，把外面的专家、同行请进来，或者自己的老师走出去学习交流等集体性学习活动的组织也是学校学习型组织的重要形式。不仅如此，怎样充分发挥教师自身的积极性，积极鼓励、倡导教师平时个性化的自主性学习、阅读，从各自的学习兴趣爱好和教学实际出发，提高教师自身的整体素养，并给这种学习提供必要的条件，乃是学校网状学习型组织的基础性保障。正如苏霍姆林斯基所说："集体的智力财富之源首先在于教师的个人阅读。真正的教师是读书的爱好者：这是我校集体生活的一条金科玉律，而且已成为传统。"(《帕夫雷什中学》，

教育科学出版社，第28页）

学校学习型组织的建设一个基本的物质保障，就是图书室（馆）的建设，包括丰富的藏书积累，适合于教师学生阅读的及时的报纸杂志等的提供。好的图书室不仅为学生提供必要的学习场所，而且也为教师自身的学习提供良好的空间，同时，师生的共同学习可以营造出学校良好的学习氛围。"一所学校可能什么都齐全，但如果没有为了人的全面发展和丰富精神生活而必备的书……那就不能称其为学校。一所学校也可能缺少很多东西，可能在很多方面都简陋贫乏，但只要有书，有能为我们经常敞开世界之窗的书，那么，这就足以称得上是学校了。"（《帕夫雷什中学》，第5—6页）没有现代化的高楼大厦也许不足以成为一所学校不够现代的依据，但没有丰富的图书积累则一定是一所学校不够现代的标准。正因为如此，"无限相信书籍的教育力量，是我们教育信仰的真谛之一。"丰富的图书世界不仅直接拓展了师生阅读的空间，实际上也无限拓展了学校存在的精神空间。

一所学校的好与坏，最重要的要素还是要看教师，高水平的教师，是一所优质学校的基本保证。而作为一所现代的学校，还需要高水平的教师是知识和观念不断更新的教师。既如此，怎样把学校建设成为多层次、多途径、多形式的网状学习型组织，就成了当前我们的现代学校建设的重要尺度。

教育叙事与日常教育生活的改造

当我们越来越多地沉溺于琐碎而庸常的日常教育生活之中，

当我们发现自己的教育生活状态有些疲劳而单调与乏味之时，我们作为教师个体的生命状态是低迷的、低质量的。如果我们不能从作为生涯历程的教育生活中找到生命的意义，那么，我们的日常教育生活就可能成为我们生命之中不能不承受的一种沉重的压力和负担。"闲暇出智慧"，这时候，我们需要适当地从庸常化的教育生活中找到闲暇的心灵空间，让我们有可能以他者的姿态来反思、回味我们自己的教育生活经历，让我们可能从日常教育生活的惯习中超越出来，提升我们作为教师存在的生活意义与生命质量。教育叙事也许就可能是一扇打开我们的心灵通向教育生活的意义世界的门扉。

我们每天都在经历着一个一个的教育事件，我们的教育生活就是由一个一个的教育事件累积而成。正是那些活生生的教育生活故事，有意无意地影响着学生，也影响着我们自身在教育生活中的生存状态。那些被我们关注到了的，以及那些有意无意地被我们忽视的故事，都可能成为对教师和学生的成长与发展卓有意义的教育生活故事。教育叙事，就是讲述我们的教育生活的故事，讲述那或隐或显地蕴涵着教育意义的故事，那影响着学生和我们自身生命成长的细微脉络就可能在故事叙述的过程中清晰地展现出来，同时也展开我们的教育生活如何发展的可能路径。正因为如此，以讲故事的形式出现的教育叙事，因为其对复杂教育生活中的细微脉络的揭示而使之区别于一般性的故事讲述，而使之成为我们对自身教育生活的反思性实践，并成为增长我们的实践性知识、提升这种实践性知识的品格的重要形式。我们讲故事的过程就是不断地回溯、观照、发现我们的过去、现在以至未来的教育生活路径的过程。

叶澜先生曾提出，教师的教育科研能力主要是指研究学生及教育实践的能力，教师的研究大量是结合自己的实践工作与对象开展的，因此，教师的研究能力也是高质量教育生活和教师自身专业能力不断发展的必要条件。"教师的研究能力，首先表现为对自己的教育实践和周围发生的教育现象的反思能力，善于从中发现问题、发现新现象的意义，对日常工作保持一份敏感和探索的习惯，不断地改进自己的工作并形成理性的认识。从这个意义上，教育研究成了教师作为专业人员的一种专业生活的方式，他自己创造着自己的专业生活质量，这是教师在专业工作中自主性和自主能力的最高表现形式。教师研究能力的进一步发展则是对新的教育问题、思想、方法等多方面的探索和创造能力，运用多方面的经验和知识，综合地创造性地形成解决新问题方案的能力，这使教师的工作更富有创造性和内在魅力。同时，教师创造意识和能力的形成，在教育实践中的成功，会使他十分看重对学生创造意识和能力的培养，无疑，这是未来教育十分期望实现的价值。"（叶澜：《新世纪教师专业素养初探》，《教育研究与实验》，1998 年第 1 期）教育叙事作为一种贴近于教师日常教育生活的研究方式，让我们与自己所从事的日常教育工作更为亲近，让我们在平凡的、逐步习惯化的日常教育工作中发现幽微的教育意义，从而获得我们对自身作为教师生命个体存在的价值与意义的发现与提升，并可能成为我们走出教育生活中的惯习，提高我们对自我教育生活反思、批判的能力，也提升我们的教育生活的创造性品格，从而有效地改造、提升我们的教育生活质量的重要途径。

一个人对周遭世界的发现往往同时就是对自我心灵世界的发现。走进教育叙事，让我们与自己经历的活生生的教育生活文本对话，增进我们对教育生活的理解，并使我们对教育生活的理解与认识变得丰富多样，且由于蕴涵着我们作为教师个体的生命痕迹而变得生动、趣味，富于生命的气息。我们在教育叙事中对自我教育生活的发现与认同，同时也是对教师人生的丰富性、价值性的发现与认同，是对我们作为教师存在的个体内在心灵世界的丰富与充实的发现。教育叙事因此而成为我们改变日常教育生活的单调与平庸的重要方式。

另一种言说教育的方式

没有理想的教育可能是高效的，但必然是平庸的。我们的教育近百年来一度处于现实的政治经济的双重挤压之中，虽然曾经产生出了像王国维、蔡元培等杰出的充满理想色彩的教育思想家，但我们的教育现实中却始终匮乏理想的质素，这固然跟我们民族的务实心理有关，但同样密切相关的是我们教育理论品质中理想质素的匮乏。急功近利，头痛医头，这使得我们的教育理论研究总是缺少对现实教育问题的更宽的辐射面，视野过于偏狭，触不到问题的核心与实质。加上社论体的言说方式，更多地是以指令、规训的方式凌驾于现实教育问题之上，"把理念与现实分离开，""把理智的抽象作用所产生的梦想当成真实可靠，以命令式的'应当'自夸"（黑格尔，《小逻辑》，第44页），把我们精确设定的"1、2、3、4"加之于现实。正因为如此，我们教育理论研究中的理想性言述，就目前而言，不是太多，而是太少。教育理论研究应以自身的理想性品质去启迪现实教育的理想追求。

近年来，不少教育研究者开始了社论体教育言说方式的突围，试图寻求一种更接近事情本身的言说方式，自由地表达对当下教育问题的殷殷关切。从传统的缺少现实张力的教育学话语中走出来，尽可能地面向教育问题和教育生活本身，以真实的个体身份去做切己性的教育言说，有所思而有所说，思多少说多少，不简单地下定义、贴标签、定框架、开药方，不以真理发布者的态势侃侃而论。在众多的追求者、尝试者之中，肖川先生无疑是其中的佼佼者，其《教育的理想与信念》就是其近十年来不辍耕耘、执着尝试的结晶。

肖川兄清楚地意识到并且恪守自己言说的个体身份，它"不是投枪，不是匕首，不是檄文，也不是战斗的号角"，"也不是为了晋升职称而炮制的论文，也不是为了课题交差而拼凑的'成果'"，而是"有感而发、不吐不快的大实话"，是"直抵内心的言说"（自序）。正因为如此，其笔端，少了无益的束缚，多了自由的空间；有感而发，因事生思，行云流水，妙语如珠，娓娓道来，斩钉截铁，掷地有声。既不故作高深，也不谦谦闪烁，在随意而自由的言说之中展露其鲜活的才识、饱满的热情、灵动的智慧和漫溢于赤子之心的对祖国、对社会、对教育、对人生的挚爱性灵，展露其对人生、世界、教育、文化、历史的敏感与睿视，以广厚的学养、温暖的情怀、敏悟的心智和开阔的视界，来滋润那些我们平常司空见惯的方块文字，在他的言说中，"教育""教学""发展""成长""自主""职责"这些耳熟能详的词魔术般的焕发出鲜亮的色泽，让人心仪。

以诗意的言说去突围社论体的话语框架，当然是一种积极有益的尝试，在其中自由地抒发个体之教育理想与信念。但"诗意的言说"还有一个"大地"的限度，诗意之"花"开在坚实的"大地"之上，任何教育都是发生在一定的真实之历史与现实境域之中的真实存在，纯美的言说固然好看，赏心悦目，但如果不面对现实的大地，便难免陷于缥缈之间，苍白而乏力。肖川兄对此深有警惕，诗意的言说表达的正是对一种真实的关切。"教育学要赢得尊严，就必须真切地关注真实的问题"，"教育学的思想空间必须依托于千百万人最真切的教育实践，必须从最鲜活的、由实践提出的问题出发，进行理论的探索，必须摒弃'营造体系'的癖好而回到真实的教育之境来"，"由学者之间最朴素、最真诚的对话求得对一些重大主题的澄明、彰显与共识"。正因为如此，肖川兄追求的乃是对教育世界中那些司空见惯、习以为常的现象，给予学理上的阐释，以犀利而谨严的智识发掘其中的文化内涵和精神意蕴，见微知著，微言大义，一遍遍地"咀嚼"那些平常的概念与命题，以真诚之思穿越纷纭而凝重的教育世界，诗意地言说"在大地之上"。

诗意地言说，其实质就是自由地言说，就是真实地言说，不仅是说者的自由，而且也包括听者的自由。以智慧之思、真诚之爱，徜徉于教育的理想之岸，意在唤起人们对教育理想境界的祈望，不以诗意的言说绝对化，不把教育的理想变成理想化的教育，保持教育理想缺席的权利，保持教育理想对言说者、对言说对象的开放性，在诗意的表达中保持其作为个体言说者的姿态，而非高高在上，以真理者的姿态加诸现实之上，这同样是肖川兄的拳拳关切。春风化雨，润物无声，这不仅是一种言说的方式，更是一位教育学者理想的存在方式之表达。

"板凳要坐十年冷，文章不写一句空"，正是十年冷板凳才修得其人文关怀与诗意表达的了无痕迹的融合。十多年来，肖川兄"慢工出细活"，像蜜蜂酿蜜，用心血、生命，更用道义和良知，细细推敲，慢慢打磨出那些优雅、精致、厚重的思想之羽片。"什么是良好的教育呢？……如果一个人从来没有感受过人性光辉的沐浴，从来没有走进过一个丰富而美好的精神世界；如果从来没有读到过一本令他（她）激动不已、百读不厌的读物，从来没有苦苦地思索过某一个问题；如果从来没有一个令他（她）乐此不疲、废寝忘食的活动领域，从来没有过一次刻骨铭心的经历和体验；如果从来没有对自然界的多样与和谐产生过深深的敬畏，从来没有对人类创造的灿烂文化发出过由衷的赞叹……那么，他（她）就没有受到过真正的、良好的教育。""倘若一种教育，不能凭借教育者的人格的力量和真理力量，造就出一种有所执着的精神气质，那么这种教育便是一种失败的教育；倘若一种教育，在受教育者尚未具有理性的、自主的选择能力之前，先入为主地向他们灌输某些信条，而这些信条本身又是荒谬和伪善的，那么，培养出来的人不论怎样虔诚地信奉，那也不是执着，而是蒙昧和愚顽。"肖川兄几乎是以向听者把心掏出来的虔诚姿态，来言说一种以人性、尊严、独立、自由、理性、创新为关键词的教育理念。

"从今却别江南路，化作杜鹃带血归。"肖川兄走的正是一条杜鹃滴血的思想者之路。我记起康·巴乌斯托夫斯基讲述的关于金蔷薇的凄美故事，"每一个刹那，每一个偶然投来的字眼和流盼，每一个深邃的或者戏谑的思想，人类心灵的每一个细微的跳动，同样，还有白杨的飞絮，或映在静夜水塘中的一点星光——都是金粉的微粒。我们，文学工作者，用几十年的时间来寻觅它们——这些无数的细沙，不知不觉地给自己收集着，熔成合金，然后再用这种合金来锻成自己的金蔷薇"。教育学者何尝不是如此呢？也许，"重温金蔷薇"，还是一门我们的文化品质中远未习得的功课。肖川君的尝试乃是一个美丽的开始。怎样更深地触及社会的深层结构，触及民族、历史的苦难与欢乐，深入生活之中那些幽深的质地、那些无声的琴键、那些纠结在我们生命深处的无法命名的根，触及我们言说的广袤"大地"，也许，还是我们尚待开启的"视界"，那么，我们今后的路会不会更长，更艰巨？

一位"爱教育者"的"人间情怀"

几年前曾读到北京大学陈平原教授写的《学者的人间情怀》，他提出，"选择'述学'的知识者，如何既保持其人间情怀，又发挥其专业特长"，是一个需要思考的问题，也就是说，"首先是为学术而学术，其次是人间情怀——前者是学者风范，后者是学人（从事学术研究的公民）本色"。陈平原教授的这一观点强调的是学者作为一个社会阶层，应关注社会现实，具有文化批判意识，"应学会在社会生活中作为普通人凭良知和道德'表态'"。同时，他又谈道：

　　"应该提倡这么一种观念：允许并尊重那些转向象牙塔的纯粹书生的选择，在从事学术研究的同时，保持一种人间情怀。"

　　从那以后，我在心仪于"为学术而学术"的问学之路的同时，一直不能释怀那种富于"人间情怀"的问学之境。无奈自愧聪慧弗如，不敢以"学者"的招牌自居，但自以为或许还够得上一个真诚的"爱学者"，或曰"爱学之人"。我所梦想的境界就是能在四壁书橱之中做一个纯粹一些的问学之人，与此同时，又能时刻把心灵的触角伸向人间社会的冷暖，不忘记自己作为普通个体的良知与社会一员的责任。我所"爱"之"学"更多地跟教育有关，故曰一位"爱教育者"的人间情怀。

　　作为一位"爱教育者"的"人间情怀"，这其中蕴涵着我对周遭的世界的切身体验，体验爱与幸福，体验苦难与人间冷暖，在关注社会与时代的进步与繁荣的同时也关注普通个体的凡常的存在，关注时光流转中那些暗淡依然的目光。正如我相信爱的永恒一样，我相信人类苦难的永驻。这让我把目光从身边的浮华投向远处，投向人世间那些暗淡的角落，那些暗淡的人事，这使我对教育的思考更过一份冷静和朴素。在经历了一段教育思考中的浪漫怀想之后，我开始学会把目光更多地转向历史与现实社会的深层质地，能更多地思及芸芸众生在人世间的诸种命运，从而尽可能避免那种标准答案似的教育言说，保持对教育问题之复杂性思考的审慎。

到目前为止，我基本把自己的思考锁定在探询中国社会现代化进程中人的现代化和教育的现代化问题。人的现代化，教育的现代化，这是多么宏大的问题啊。我知道自己穷其一生也无法对之做出系统、规范的回答，但我却慢慢开始从历史与现实的幽深之处，一点一滴，去探询人的现代化与教育的现代化的艰难历程与细微脉络，把目光深入历史与社会中那些幽暗的角落。作为一个从农村走出来的农民的儿子，我关注社会底层；作为一个普通的人，我关注历史与现实之中不时涌现出来的他者命运之幸与不幸；作为一个在 20 世纪后期出生长大的人，我特别关注 20 世纪里无数个人在封建与反封建、自由与专制、启蒙与救亡、个体尊严与国家命运之间的辗转反侧。我深知自己并不是、也无法成为某一个阶层或群体的代言人，在这个世界上，每个人都以各自的方式默默地承受着属于自己的幸与不幸，没有谁可以真正取代他人自我来言说他人的幸与不幸。只是因为，我对他们当下存在或曾经存在的命运的关注与体验，构成了我自己的生命世界的一部分，我必须言说，只是因为它们构成了我生命之中的牵扯与疼痛。这个我每天周遭其中的世界是我的生命得以可能的唯一的世界，是滋养我生命成长的永久的摇篮，我没有理由不关切我身处其中的世界，并爱这个世界，关注并且爱这个世界中与我相遇的人们。这并不是因为我有多伟大，而是因为我与周遭世界的交往构成了我生命存在的真实内涵。

作为教育之爱者，作为对教育之爱思者，我以为，其存在的基本理由就是不断地去思，拒绝不加分辨地接受一切现成的结论，同时也拒绝把自己扮演成真理自居者的身份来发布教育的结论和标准答案，而是在对教育最基本问题的回答中敞开自我，不断地质疑、追问，再质疑，再追问：究竟什么是教育所期待的人？什么是教育？什么是好的教育？我把每次思的过程都看成是心灵的探险，每次言说都是一次心灵深处的叩问。尼采说我们的心是世界的一部分，人的心灵是世界看自己所用的眼。每颗心都是这个世界的镜子。我就是在用我的心在映照着我所周遭的世界。当我选择以思与说作为我一生的志业，我就是在选择一种生存的方式。对于世界，我和我的言说，也许终将只是微不足道，但对于我，这是我意义人生的基本方式。我深深地知道，个人的力量是微乎其微的，但正是一个、一个的个人的努力的叠加，敞开着我们的社会发展和教育发展的智识之路。也许，我们确实无力推动时代与历史的车轮，但我们依然可以与思同行。

那支撑着我在思中前行的是来自父母亲人的爱以及为这种爱而渗透的我对人世的深深依恋和对教育世界的关注，还有，那四壁书橱中来自先哲的召唤。我从小就感受到的来自父母特别是母亲的爱，那种无私的爱深深地浸润了我年少的生命，并且一直不断。那种来自我的极平凡的父母的爱是我人生精神之旅中永恒依恋的家园。我很小的时候就听了很多的民间故事，甚至还幸运地在乡下集体劳动之中或者休息的时候，能听到三国、水浒和安徒生童话的故事，这些故事给了我年少生命最初的滋润。小学毕业开始读《三国演义》，初中开始迷恋文学，师范三年读了大量的小说名著，还背诵了许多古典诗词。后来乡村教书，在有限的环境中，《诗刊》《读者文摘》成了经常的读物。读到罗曼·罗兰的小说《约翰·克利斯朵夫》，影响颇深。1990年进入大学，开始了更为便利、广泛的阅读。名人传记、文学、历史、哲学都有涉猎。大学三年级开始读《四书》《老子》《周易》。大学毕业开始接触现代西方哲学，从雅斯贝尔斯开始，而后海德格尔、胡塞尔等。

一个偶然的机会，当时外语系一位叫陈亮的朋友考上了研究生，在清理书籍时，有多本旧杂志，他看我喜欢读书，就全部转送给我，大概有将近 20 本《读书》，还有《文史知识》。正是他给我的《读书》杂志打开了我新的阅读视野，与《读书》结缘，从此难舍难分。后来，国内学界那些响当当的名字一个个开始进入我的视线，我十分迷恋的主要有刘小枫、叶秀山、钱理群等，刘小枫和钱理群的书我几乎每本必买。正是沿着《读书》的视界，我开始慢慢走近古今中外浩瀚的哲人智慧之中。2000 年我进入伦理学博士阶段学习，开始较有系统地研读，花费时间较多的是苏格拉底、柏拉图、亚里士多德的伦理教化思想。随着读书视野的扩大，我真的越来越多地感觉到自己的无知。我深深知道，人类千百年来的积累下来的思想宝库，那里蕴藏着人类理性精神的光芒，那是我们现代人的智慧的源泉。依我之敏感心性，我只有以卑微之身去接近那些耀眼的智慧之星斗，从中饮得点滴智慧的灵泉。

爱的涌动和先哲的召唤，促我前行。虽然我并不知道路途的终点将在何方，但无论何时，无论何地，我都将执着地前行。且问耕耘，莫问收获。正如罗曼·罗兰在《约翰·克利斯朵夫》第 3 卷末中，高脱弗烈特舅舅对正抱怨自己"把自己的生命蹉跎了，许的愿都没做到"的克利斯朵夫所说：

"孩子，这还不是最后一次呢。人是不能要怎么就怎么的。志愿和生活根本是两件事。别难过了。最要紧的是不要灰心，继续抱住志愿，继续活下去。其余的就不由我们做主了。"

……

"一个人应当做他能做的事情。……竭尽所能。"

我并不奢望能以自己卑微的言说来做一翻拯救人世或者教育的大业，但我力求用我真诚的思考与言说，用我对教育、对我周遭的世界的爱，照亮我自己的人生。我常常叹服于哲人海德格尔之言：

思亘古如斯又倏忽闪现
谁的惊愕能深究它？

是的，一切如烟，唯思的道路永恒。

第四辑　以思想之火点燃日常教育生活之薪

思想的道路通向现实

昨天系里教研活动，安排小兵老师上课。他上的教育评价，讲发展性学生评价，讲了很多新的评价理念。资料、思路、新理念，应该说都不错，但给人的感觉好像总有一点不大通透，略嫌平淡。

小兵是我的好朋友，我就直说了几句。我的意思是，我们的教育理论有些时候过于理想化，追求新理念的灌输，忽视了现实性的深层基础，没有积极拓展思维的空间，让听者能在对问题的思考中有开阔的精神空间。纯然理想的讲述并不难，但要关切理想的现实性基础，则是很不容易的事情。比如，为什么评价的理念那么好，但无法付诸实践？这中间一定有现实的深层因素在其中，需要我们研究者更深入的把握，而不是简单地命令现实。这就是黑格尔存在的与合理的这个命题的深刻含义之所在。

我提出拓展新理念之现实性的三个维度：一是向现实问题延伸，在对现实问题的分析中，展现现实问题的复杂性脉络；二是向过去的、西方的他者延伸，看别人、别时的是非成败，寻找借鉴之所在；三是向问题深处延伸，在哲学、历史、文化的层面探询美好的理想何以难以付之现实的原因。

这样说，并不是说我的教学研究就一定做到了对现实的深刻关注，但至少是我心中的一种意向，一种思维的态度与方向。

愿与小兵共勉。

"所谓真就是绝对的真"
——关于真理观教育的一点想法

找到尘封的旧杂志《哲学译丛》1963 年第 10 期，打开泛黄的纸页，翻及舍斯托夫《纪念伟大的哲学家爱得曼·胡塞尔》，读到这样的文字，我的心里涌动的是一种久违的感动："所谓真就是绝对的真；'它本身'就是真的。真理是同一的，不管它是在人或妖的判断中被认识到，还是在天使或神仙的判断中被认识到。"我近段开始迷上胡塞尔的现象学，读来读去，总感觉没琢磨到妙处，"本质还原""先验还原""悬置""绝对自明"，对于非哲学专业出身的我而言，这些不着边际的玄奥术语让我头痛。而此刻我真的被感动，深深打动我的并不只是这些散发着淡淡霉味的书页上的文字豁然照亮我内心的迷蒙，而是一种求真的热情，一种穿越时间隧道、穿越大地苍茫的对真理的至诚至爱。"哲学……是一种真正原则的科学，是一切源泉的科学，是'根源'。"

在我所受的关于真理的教育之记忆中，真理既有绝对性，又有相对性，这样，世界上真理的表现形式就可分为绝对真理和相对真理两种。对真理的认识往往表现为一个过程，绝对真理我们难于一下子直接把握，我们所能把握的或者说直接拥有的往往只是相对的真理，一旦时过境迁，条件改变，相对的真理就可能发生变化，甚至成了谬误，这就是我的学习经验中的真理观。此刻，我的真理观处于混沌与惶惑之中。相对的真理究竟是不是"真理"？抑或某种托词？既然名之为相对真理，那就意味着这种"真理"是可变的，不确定的，那么，不确定性的"真理"可以称之为真理吗？真理的认识固然是个过程，我们很难直接通达它，而只能尽可能地接近它，"接近"的"真理"能称之为真理吗？显然，接近的"真理"并不是那真理本身。谬误不是也离真理很近吗？谬误是不是也经常被名之曰"真理"了呢？

那么，相对真理从何而来？来自我们的认识，来自我们认识的局限性，通常的局限有二：一是被我们认识的能力所局限，一是被我们认识的勇气所局限。能力的局限可能让人在真理面前"盲人摸象"，而勇气的局限则让人在真理面前"指鹿为马"。相对真理，原来"相对"的并不是真理本身，相对的只是"我们"，只是作为认识主体的"我们"，恰恰是作为认识主体的我们可能成为真实地走向真理的阻碍——如果我们为现实的功用、为先行预设、为过多的偏见所蔽，而正好我们又很难保证我们追求真理的纯粹性——所以，才会有胡塞尔的"悬置"，要把这个认识主体的"我（们）"也"括起来"，才要"绝对自明"，才有海德格尔的"让（真理）自行显现"。

"真就是绝对的真"，是真理就不是相对的，相对的就不是真理。"相对真理"不过是求"真"之路上作为追求者的我们的一时之

"偏见"而已，尽管它可以为进一步探求真理提供基础与方向，但同时又可以人为地扭曲真理，甚至为谎言提供辩护——人世间曾有多少谎言假真理之名？——如果明知是"偏见"而为了一时的功利来宣称"真理"，那么此"真理"不过是我们追求现实功用的工具和手段的幌称，我们不过是先"自欺"而后"欺人"罢了。那么，"相对真理"是不是我们不敢面对我们自身的局限性、面对我们繁杂的内心、面对我们追求真理的稀薄勇气的某种托词？究竟是我们的自信、自慰，抑或是某种自负？当我们身怀"相对真理"作为我们的挡箭牌，我们便陡然增加了骄傲的资本，甚至我们可以傲视苍穹，目空一切，对于生养我们的大地，我们便失却了原本就不高的些许谦卑。既如此，则我们所有的真理观的教育究竟教给了我们什么呢？给了我们探求真理的勇气还是对我们无知的辩护？给了我们虔敬的气度还是傲慢的资质？

"我们必须记住我们对人类所负的责任。我们决不可以为了暂时而牺牲永恒；我们决不可以为了适合我们自己的需要而把新的需要作为毕竟不可消除的罪恶来遗留给我们的后代。"我终于有悟。原来，在那些玄奥的术语的背后，畅涌着的正是那位伟大的哲人对那"绝对的真"的无尽的渴望和深邃的坚毅。如果说胡塞尔现象学的基本精神是"面向实事本身"，那么，其灵魂不正是对那"绝对的真"，对"万物的原则、本源、根本"的拳拳向往吗？现象学还原的具体方法不过是通达那"绝对的真"的路径而已。在此意义上，把胡塞尔现象学的目的看成纯粹的方法论这种看法"是非常错误的，而且掩盖了胡塞尔的复杂问题的广度和重要性"（舍斯托夫）。胡塞尔现象学，它不仅关注真理的处世情态，而且直接关注人们对待真理的态度；不仅是胡塞尔提出的现象学方法体系，更是他追求那"绝对的真"的宣言与毫不含糊的态度。跟胡塞尔相比，我为我心中所有的浅陋的真理观而惭愧，也为我们的事关真理的某些教育惭愧。

"在整个现代生活中或许没有一种思想比科学思想在它的前进道路上更加有力，更加不可抗拒了。没有什么东西能阻止它的前进。在追求它的正当目标时，它的确是无所不包的。如果就它的理想完美而设想的话，科学思想就是理性本身，它不允许其他权威和它并驾齐驱或者驾临其上……科学已经说了话，智慧今后就必须向它学习。"什么叫科学精神？什么叫科学态度？我们不是一直都在大声呼唤吗？我们又何尝超越了实用的层面来谈论科学精神呢？实际上，科学精神关切的乃是我们在世的基本态度。跟胡塞尔相比，我们的距离究竟有多远？我们可曾仔细考察过我们的国民，甚至包括部分天天嘴里不离"科学"的"行家"，普遍的科学意识、科学素养、科学精神欠缺，其原因究竟是什么？

强调"绝对的真"是不是会导致不可知论或者虚无主义呢？人称胡塞尔现象学还原不是最后也陷入唯我论的"泥沼"而难以自拔么？也许，我们永远也无法找到不偏不倚的思想与行动的路线，我们总在盲目与失误中穿行，这是我们生而为人的宿命，我们所追求的目标只能是尽可能地减少我们的失误，减少我们行动的血与泪的代价。那么，当我们言及"所谓真就是绝对的真"时，就至少有三重启示：其一，追求真理是一个实实在在的过程，我们必须实实在在地把我们对真理的认识还原到求真的"过程"之中，而不是装模作样，把"过程"当作我们无可奈何的幌子；其二，不要把那种跟真理毫不沾边的谎言也说成是"相对真理"，从而拿"相对"当狗皮膏药；其三，承认我们认识能力的局限性，从而给我们的任何实践多增加一点审慎，一分清明，少一点盲目；对世界多一份关爱，多一点敬畏，少一些狂妄。

从事实到真实

思考问题应从小处、实处入手，不要从大而空的框架入手，要分析现实中实有的东西。从真实的材料中提炼很有意思的问题，提炼出理论的原型，这是我们做研究的前提和基础。

我们眼睛所看见的"事实"其实并不是"真实"，不过是"真实"的外在表象而已。事实转瞬即逝，但那"事实"背后的"真实"却长久地存留在世界之中，在"事实"背后的"世界"之中。这让我们想到柏拉图关于两个世界的论说，即可见世界与可知世界。如果我们的思维总是停留在具体事实层面的思考，我们所获得的就只能是一般性的意见，而没有达到对现实世界背后的真实世界的把握，即没有达到对现实世界的真正的或者叫作真实的"知"，或者叫"知识"。

日常生活的问题与研究中的问题是不同的。日常生活中的问题是从现实的功用出发的，是看得见的，是属于可见世界的。换言之，日常生活中的问题是每个人都能感觉得到的；而理论研究的"问题"是日常生活中问题的提升，是日常生活问题的由来、根源，是在我们想象中被构建起来的真实的问题。这种真实是一种想象中的真实，是逻辑的真实，这是至关重要的。换言之，这是两个不同世界的问题，一个是可见世界的问题，一个是可知世界的问题，但又互为表里。在你的思维空间中去建构一个理论的原型，这个原型就是根源，你就完成了对现象世界理论的阐释。真正的研究不是你聪明就能建构起来的，这种想象往往与日常生活相脱离，你去建构，生活照样是生活。理论是灰色的，但生命之树常青。我们要认识到我们最终是落实为日常生活，为了阳光的生活。

理论研究的选题有两个核心问题：第一，不能停留在日常生活的逻辑之中，必须超越日常生活的问题，在逻辑的推演中找到理论的原点，即问题的生长点。很多论文只是简单对应于现实世界来的。现实的问题是从原点上生长出来的。研究就是要找到日常生活问题背后的理论原点；第二，理论的建构并不是凭空而来的，是基于被提升了的现实，所以理论建构的背后，必须要有现实的指涉，时刻渗透包含对可见世界的问题把握。离开了与可见世界的真实关涉，我们的问题构想就会是空洞而无物的，就会是高高在上、虚无缥缈的。所以，理论的真实是对应于现象世界却存在于可知世界中，这是一种想象中的、逻辑的"真实"。

作为理论思考，我们必须明白，实际上事实与真实是两回事。事实不一定是真实的，事实恰恰有时掩蔽了真实，即表象有时是不真实。举个例子，在大街上，我们可以看到警察来了，小摊小贩就马上躲避。这是个现象，直接看到一群人在城管到来时鸡飞狗跳，影响城市秩序、市容市貌。还比如，有一个打工的男青年到北京一个月没找到工作，偷了几个包子就被抓住了。但事实并不等于背后的真实。真实是去除现象之后背后构成最根本的东西，需用心去把握，进入一种思想，去除杂念，才能进入事情本身。北京不是他的容身之所、安乐窝，在那里，他的生存欲求得不到基本的实现。事实转瞬即逝，真实却会长久地保持。挣扎生存的事实会不断变化，但渴望生存的真实是不会改变的。你愿意去当职业乞丐吗？假设给你一万块钱一个月，你问问自己的良心，你愿意去吗？

大街的小摊小贩无力对抗城市的现代化管理体制，同时又无法适应这个体制。在现代体制的夹缝中求生存，足够的资本就可以开个正规的店子，要么就硬碰硬，城市体制如何保障每个人的基本生存，对不能进入体制中的人们给予正常的生存机会。事实背后的真实是什么呢？每个人生存的最基本的欲求，对这种基本欲求的满足以及生存的意志才是真实的。所以一个社会要尊重这种意志，维护这种权力，把它引导到合适的方向，我们看到的表象实际上是生存的意志，它是在一个想象中被构建起来的，它在逻辑中、想象中是真实的，背后是生存的欲求，发现实事背后的真实，而这种真实在现实中是看不到的。

这就是理论思考的使命，就是透过现象，透过事实，去把握背后不变的、长久的真实，显现事物背后的理性，也就是黑格尔所说的"存在的就是合理的"，那"合理"之中所蕴含的现实之中的理性。理论研究，就是要找到日常生活问题的概念的、逻辑的原点，找到理论研究的问题起始点。

所以，选题最根本的问题是什么？怎样越过日常生活概念找到研究问题，在这个基础之上提出研究的核心主题和关键词，让人一看就能把握问题的焦点，这就有三个基本要求：第一，必须是立足日常生活的问题，又要超越日常生活的问题；第二，找到问题的原点；第三，厘清由问题到日常生活问题的逻辑关系，找到逻辑的真实，而这种真实又不直接存在于现象中。海德格尔说"思入教育本身"，就是要透过可见世界进入可知世界，把握可见世界背后的真实。眼睛可以看得见的问题背后的原问题在可见世界中是不存在的，它存在于想象世界中，但它是真实的，是一种想象的、逻辑的真实。

康德提出人的认识的三个层次，或者三个阶段，感性、知性和理性。所谓感性，无非就是凭借自己的感官去认识周遭事物，获得基本印象；所谓知性，乃是指用一般的思维判断能力去对现象世界进行理智的加工；只有理性，才让个体从现象世界之中超越出来，对现象世界背后的理念世界去做纯粹理性的把握。理论研究就是要超越对现象世界的一般性的思维加工，而真正进入现象世界背后的理念世界，去做纯粹的运思，在那里，才能探询到现实世界背后的真实脉络。

我们思考与写作的时候，眼光时刻关注是现实世界的问题，言说方式、思考的方式则是在可知世界中展开，我们说的是可知世界的问题，是把可见世界中的问题提升到可知世界中来说。言说是一种可知世界的真实，是一种理论的真实。理论研究的第一步就是找到理论的真实，找到真实理论的原点。

"存在的"与"合理的"

我所在的学校是一个自然环境非常好但校园环境本身由于多

种原因而尚存糟糕的地方。曾几何时，我对那儿的脏和乱、对经常可见的游商叫贩深恶痛绝。讨厌归讨厌，但还得在这里生存，这里的一切不管你是否愿意，总会成为你眼里脑中挂记的事情。直到有一天，大约是假日，我走进还算清净的老校门，正看见里边马路边上，坐着一个老太婆，脚边摆着一担撮箕，撮箕里面摆着薄薄的几把青菜，我心中恍然有悟。

是的，我们的世界确实有各种各样的问题，空气、噪声污染，生态破坏，流动人口的增加所带来的城市秩序的紊乱，明知故犯的违规违章，成为我们的世界的"眼中钉、耳中刺"，我们多想一下子把我们的世界弄得漂亮、整齐、干净、彻底，鼻子所吸的都是新鲜的空气——把所有污染空气的污染源全部撤销，眼里所见的都是干净的人和地——把所有有碍视线的垃圾以及那些"垃圾般"的人和物统统赶走。我们从心底里羡慕欧美都市的整洁、干净、漂亮、文明，我们也从心地里期望我们自己的城市能很快靓丽起来。

我知道，我们的世界中正有无数的人在规划、设计、制作这样的世界，依着先进的、现代化的、生态化的规律与要求来构造我们明天的美好蓝图，为那美好的蓝图而竭尽心力。"市列珠玑，户盈罗绮，竞豪奢。"今日的豪奢早已不是"珠玑"和"罗绮"，马路越来越宽，霓虹灯越来越亮，大楼越来越高、越来越气派，我们所栖居的都市可谓每天都是新的，每天都在给人们带来欢欣和喜悦。

欣喜之余，常常又在豪奢的背后看到些许暗淡而无助的泪痕。我想起那些无法进入我们所设计的越来越高的门槛的人群，那些只能在夜色中偷摆一个摊点小心叫卖的人们，那些视城管队员为老虎的游动小商贩们，他们也要生存。也许，历史的任何进步总是需要代价的，城市的进步也必然要损害一部分人的利益。问题是，城市的进步是否可以抹平那些无助的眼泪？他人的代价是否需要补偿以及如何补偿？社会何以更多地给每个人以公平的机会？

我知道，正是那拣拾垃圾的老人、那荷着两袋米吱吱作响的手推车、那夜色中报着一袋爆米花的老太太，还有那见了城管就像老鼠见了猫的臭豆腐小贩，是他们时时向我提示这个"不纯的世界"，让我的视野中不只是"现代化""全球化""知识经济""信息时代""市场秩序""发展""合理性""合法性""生态伦理""公民道德"那些从书本到媒体铺天盖地般涌来的宏大主题和强势话语体系，还有那些"平庸之辈"，那些"游民""草民"，那些对我们"理想的社会"并无贡献却可能起相反作用的"刁民"，和他们卑微的命运。他们曾经在方圆不过几里的乡村世界生老病死，后来他们的世界被打破，他们无法安心于他们祖祖辈辈的生活方式，他们想在更大的天地里求得自己的生存，但这个世界并不是"他们的世界"，他们只能在这个世界的夹缝中苟且生存。

读黑格尔的《小逻辑》，读到他的那段著名的话"存在的即是合理的，合理的都是存在的"，他的话通常容易被误读为对现实中不合理事物的存在辩护的嫌疑，人们却忽视了他这话的另一层含义，那就是不要拿理想中的构架来强加于现实之中，"把理念与现实分离开"，"把理智的抽象作用所产生的梦想当成真实可靠，以命令式的'应当'自夸"。也许，其中"存在的"就是每个人生存的权利以及生存权利的合理性，而这种对人的生存权利的充分尊重就是"合理的"，这种合理性才是必将永远"存在的"，并理当受到人们的尊重。

当然，关注社会的弱势群体，并非不思进取，也不是"不患寡，而患不均"，更不是为贫穷、落后、愚昧唱"流水落花春去也"的挽歌。而是，或许我们应该在革新的过程中关注这样一个事实，既然那些贫穷、落后、愚昧的人也是这个世界的"人"，不能像我们清除垃圾那样地被清除出去，那么我们就应该懂得尊重并且维护他们生存的正当权利和资格，而不是在某些人的心目中把他们当成障人耳目的垃圾，至多也只算是人中的"另类"。尊重他们，又何尝不是尊重我们自己？

"富"而"思教"

教育学教科书上，在谈到教育与经济(生产力)的关系时，通常的表述方式是，经济(生产力)的发展"制约着教育事业发展的规模与速度"，"制约着人才培养的规格和教育结构"，"制约着(或促进)教学内容、教学方法、教学组织形式的发展与改革"。而与此同时，我们又提出教育的相对独立性问题，认为教育具有"历史继承性"，具有"与政治经济制度和生产力发展的不平衡性"，这实际上是给前面的结论打上了一个问号。教育的发展无疑应受经济发展水平的影响和制约，但制约和影响的程度如何？制约和影响的究竟是教育中的哪些因素？教育中有没有不受或者相对而言少受经济发展制约和影响的因素？对于这些问题，我们去一般性地泛泛而谈经济或生产力的发展对教育的制约实际上并无多大意义，它需要我们根据实际，细密地审理经济发展与教育的关系问题。

经济发展与教育的关系问题早在两千多年前孔子就已经提出，《论语·子路》第9节说："子适卫，冉有仆。子曰：'庶矣哉！'冉有曰：'既庶矣，又何加焉？'曰：'富之。'曰：'既富矣，又何加焉？'曰：'教之。'"就"富"对"教"的关系而言，这里至少有两层问题，一是"富"后一定会"思"及"教"吗？二是"富"后而"思"的"教"是一种什么形式的"教"，或者说"富"的人们是以何种方式来"思教"呢？

我们先来看看，富裕起来的家庭如何"思教"？富裕起来的农民、普通市民，因为自己在读书上的不足以及自身生活境遇上的某种欠缺，而把双倍的读书的期望都寄托在子女的身上，希望他们将来能有出息。他们对教育的双倍期望同样是他们对子女教育投入的有求必应。少数高富裕阶层，他们在加大对子女教育投入的同时，对教育的眼光也不同一般，"贵族学校"应运而生，还有的初中刚毕业，就选择出国留学。在他们的心目中似乎条件好的学校、外国的学校就等于好的教育，因为他们富裕，所以他们不须进一步考虑他们的教育投入与教育收益的关系，因为他们富裕了，所以不愿再让孩子吃点苦，殊不知，"苦难是人生最好的导师"，虽然好的教育并不一定要人人都去亲历苦难，但适当地吃点苦，并且间接地体验苦难、理解苦难，而不是让孩子从小就排斥苦难，对于培养他们一分博大的人间情怀、培养同情关爱之心是十分重要的，而这或许也该是一种良好的教育的重要成分。当然，也并非所有富裕起来的人们都能想到教育的重要，也不乏这样的人，认为只要能赚到钱，读不读书没多大关系。

富裕起来的社会就一定会"思"到办教育乎？我国的国民生产总值近十多年来基本上保持了百分之八以上的快速增长率，但我们的教育投入却一直在百分之二点六到二点八之间徘徊，远低于世界百分之四的平均水平。再看一看国内率先富裕起来的广东省。《教育资讯》(澳门)2001年第11期载，广东教育经费投入仍然不足，过去三年，广东的教育经费增加远远达不到财政收入增加的速度，广东财政性教育经费只占国民生产总值百分之二点一八，低于全国平均水平。同时，教育经费被挪用现象普遍，潮州市百分之七十五的教育杂费收入都被各级财政部门挤占。不仅如此，广东还有十九个市教育欠债达九十七亿元。"富"而"思"办教育，需要远见卓识，需要不计较一时的利害，"风物长宜放眼量"。教育的投入是很难一时见效的，这显然与今天讲求政绩、立竿见影、好大喜功的社会事实相去甚远。

富裕起来的人们就一定会思及自身"教养"的重要吗？长沙相声界名人扬志淳先生曾说过这样一段经历，他们一个代表团去法国巴黎观光，横过一条宽敞的马路时，电脑自动控制的路灯刚好亮起了红灯，而这时确实没有一辆车过来，只见在斑马线边迅速站满了白人、黑人、其他肤色的人，突然有人冲出去直往前走，嘴里还唠叨着"宝崽，明明没有车过，站到这里傻等"，紧接着这一群人都过去了，扬先生也在其中，他走到中间时，回过头来看了看，只见那些笔挺挺傻站着的白人、黑人无奈地摊开双手。能够出国观光的人应该属于我们社会的富裕阶层，何以他们富裕起来后，想到了旅游观光却并没有想到教养的重要呢？扬先生后来解释中说到了习惯的问题，但在异国他乡，而且是在明明有那么多人现场示范的情况下做出此等行为，应该不只是习惯，至少是教养的水平依然停留在未富之时的层面，而并没有同步增长吧。"教育""教养"乃是深深植根于一种精神、文化的渊源、传统之中。"富"固然是"思教"的一个重要而基本的条件，但却不是充分条件。不是有"小人得志便猖狂"吗？尽管今天由人格的平等而削解了君子小人的分野，但在文明素养的高下之别上，人与人之间的差别实在无法让人漠然视之。否则，我们何必要发大力气，加强精神文明建设，开展公民道德教育呢？

我们再来看富裕起来的学校如何"思教"。广东东莞某镇，近年经济发展迅速，相应地，其教育也得以腾飞，单省一级学校就有三所，市一级学校五所，原先落后的乡村小学全部装配了现代化的教育设备，甚至还包括电子阅览室，原先良莠不齐的师资队伍有了相当的改观，小学、幼儿园里本科生占有相当大的比例，原先教育经费捉襟见肘，现在动辄几百万。然而，教育资源的充裕是否就意味着教育质量、教育水平的同步提高呢？不一定，相反却可能由于管理者的失误或者理念的错位，造成资源的巨大浪费，资源用错了方向，给教育带来的只是损失而不是福音。比如，管理者经常出去，一看到别人的先进经验和做法，马上就抱有这样的想法，我们条件这么好，也应该能做到，于是不顾一切地照搬过来，一搬来可能在实际操作中完全走样，而且多种先进经验的照搬，往往使得教师学生"朝三暮四""东边日出西边雨"，成天忙乱了手脚，结果却是云里雾里不知所从。有人觉得自己这里硬件是最好的，其余什么也应该是最好的，于是，想方设法把各种先进的教育手段、形式都用进来，电脑、英语、环保、科技——多种"先进"杂烩在一起，反而变的什么也不像了。改善学校的办学条件，提高学校的硬件设施，这是十分必要的，但如果为硬件而硬件，为多媒体而多媒体，这种"硬件""多媒体"就很可能会成为一种"作秀"的工具。更有甚者，如果以为这样就是教育的现代化，就是"好"的教育形式，从而在实践中机械运用，不注重教育的实质、实际、实效，这种"现代"可能带来的负面作用更大，甚至可能走到教育的反面，走向一种缺少人性、人情、人格味，缺少心灵交流、沟通的空洞的教育。

"富"而"思"着要"进取"，"进"于更"富"。在可以预见的未来，十年、二十年、五十年，只要社会稳定发展，我们的人民生活水平一定会由原来的"不康"而"进"于"小康""中康"，乃至"大康"，但我们是否一定会"进"于与"大康"相匹配的"教育""教养"的水平，恐怕谁也难以准确预料。所以，我们今天就要"富"而多"思教"，"思"子女的"教育"，"思"社会的"教育"，"思"自己的"教养"。不仅如此，我们还要好好地"思"一下我们头脑中的教育理念，思一下什么样的教育才是"好"的教育，避免盲从、盲目决策，真正做到有的放矢、因地制宜。唯其如此，我们社会的整体教育水平才会在我们社会不断富裕起来的同时，一并得到实实在在的提高。

作为教师就是去成为教师

我们究竟在何种意义上是一名教师？拥有教师资格证，那是一种社会身份的获得，是一种符号的合理化。但要真正成为一名教师还需要我们自身不断寄予我们所拥有的教师符号以内容。成为教师是一个过程，是一个不断给教师之"名"以"实"的过程，所谓"名副其实"，我们凭借自身的努力使自己作为教师的形象不断丰满，使我们越来越像一个教师。一个人存在的过程就是不断寄予个体人生以人的内涵的过程，我们作为教师存在的过程同样是我们不断增进自我教师内涵的过程。教师人生意味着不断地充实，永在路上。

真正的教师形象还不仅是静态的，而是动态的，是实践着的。作为教师意味着我们显现出自己作为教师的形象。在日常生活中，"老师"于我而言只成了一种形式化的身份。站在课堂上的我，和站在公共汽车上与你同座的我，是不同的我。在公共汽车上，别人称呼我为"刘老师"，是一种符号，一种尊称，它没有内容。只有当我们在真实的教育情境中，发生一种社会所期待的教育交往的时候，老师和学生才是在实践真正的师生关系。在此意义上，是在真实的教育交往中，学生"让"我们成为真正的老师。我们总是在对象化的实践中，来实践我们存在的本质。因此，只有当我们作为一名教师显现我们作为教师的内涵，显现作为教师的质性存在，此时此刻，我们才是一名真正的教师，一名名副其实的实践着的教师。

海德格尔曾说："存在是一种显现，一种绽放。"正是在显现与绽放之中，我们才给予形式以真实的内容。为什么学生使老师成为老师呢？因为只有在我们与学生真实的教育性交往中，只有凭借学生这一对象的存在，作为形式的老师才有了真实的内容，师生之间的教育性交往就是使我们成为老师的时间和空间，是我们作为教师的实践"场域"，在那里，教师的符号寄予了真实的内涵。作为教师，就是要在教育实践中显现自身作为教师的存在，就是要在真实的师生交往过程中显现教师的本质。

赵汀阳在《论可能生活》中，曾对传统伦理有过批判：传统伦理的语式"你应该、你必须"是一种规范伦理，这种规范来自社会规范，来自权威；要将这种"应该、必须"的语式转变，即从内在来寻找生活本身的伦理要求。人之所以要如此这般，并不是外在的要求，而是作为人本身的需要。"生活的目的就是生活本身。"生活就是要像生活那样的生活，即显现生活本身的内涵，正因为如此，我们对生活的要求，乃是为了生活本身的美好，对个人的伦理要求就成了个人德性发展的需要。作为教师，同样就是为了显明我们作为教师存在的内涵。教师形象不止是一种外在的规定，它是我们"做"出来的，是我们实践出来的。当我们不断地探询教师职业的内涵，教师职业就成了一个创造性的职业，教师职业形象就在我们的创造性实践之中不断丰盈，教师职业内涵得以不断发展、完善。

用动画思考

来自孤儿院的小老鼠斯图尔特来到了对他来说像天堂一般的利特一家，并成为这个大家庭中的一员。但斯图尔特的主人身份总是受到威胁，宠物大白猫对这个新来的老鼠主人充满敌意，感到自己猫的尊严受到严重挑战；而利特家的小主人乔治也对这个小兄弟没有太多好感，小老鼠的命运如何？

这是好几年前看过的动画大片《精灵鼠小弟》的故事情节。

老鼠在我们的日常生活中是一个备受贬斥的形象，但美国动画大片《精灵鼠小弟》硬是活生生地颠覆了我们对老鼠的日常认识，给我们呈现出一个楚楚动人的小老鼠形象，让大人小孩看了几乎都过目不忘。在这里，《精灵鼠小弟》显现出动画世界的基本逻辑：虚拟的动画世界中的逻辑是想象的逻辑，是在日常生活世界中建构一个超越日常思维与情感方式的游戏空间，不是日常生活世界的简单复制。正是对日常生活世界的超越与生活世界意义的重新建构，动画呈现出自己在艺术世界中的独特的意义。

动画片不是成人思考的动画化，而是用动画本身来思考。所以，优秀的动画首先要去掉的，恰恰就是成人思考的先在痕迹，是对固化的成人世界的超越。正因为如此，在内容上，在与现实世界的吻合上，我们千万不要拿动画当真，不能当真，也不必当真，一旦简单地拿现实世界对比，动画就动不起来。动画的真乃是一种想象的真实，是一种趣味的真实。

一部优秀的动画片让观者一看就自然地从日常生活世界中走出来，不知不觉地进入了动画世界的想象逻辑。我们的动画片一看就把人从动画中扯出来，进入到现实的成人生活世界之中。我们的动画片老想着要教人一个道理，实际上是中国传统成人本位的叙事文化的延续，而没有真正地进入儿童思考的轨迹。我们的动画只是用动画形式来包裹的成人故事，我们根本就没有学会动画的思考逻辑。湖南电视台金鹰动画频道把文花枝、洪战辉等新时期道德榜样都拍成动画片，基本上就是一种成人世界逻辑向儿童世界的转移，就是成人世界把自己的道德榜样强加给儿童世界。

维柯曾说，儿童本质上就是诗人。发达的想象，远离成人世界的逻辑，趣味重于伦理，这是儿童世界的根本逻辑。儿童世界的逻辑是动画逻辑的根本依据，或者说就是动画逻辑的基础。道德判断的延迟，注重儿童审美趣味，实际上就是把儿童的本色自然地显现出来，以发达的想象力来拓展儿童想象的空间，实际上就是拓展儿童生命的空间。审美趣味优先，实际上就是给儿童生命世界贯注以鲜活明亮的色泽，从而给他们积极乐观的童年感受。

我们的文化传统中具有浓郁的泛道德主义倾向，我们讲故事，遵循的核心逻辑乃是伦理的准则，动画首先需要遵循的乃是趣味逻辑，或者说美的趣味就是动画最核心的伦理原则。在这里，美的、富于夸张想象的、焕发生命情趣的，就是善的。只有确立儿童本位，真切地去感受、发现、扩大、再创造儿童世界的逻辑，我们才可能真正找到动画世界的灵魂与内在准则。

我们究竟应该如何面对灾难

——以人民的名义把"7·23"事件永远地埋藏在心中

关于"7·23"事件的各种评说已经不少了，我还是要以公民个人的名义发表一点自己卑微的看法。

——题记

　　尽管这个事故的发生，人祸远远大于天灾，我非常痛心于事件的发生，但比发生更痛心的是我们面对事故的态度。我们确实处于快速追求社会的现代化的过程之中，出现一些问题是难免的，但如果事故出现了，我们所抱持的态度只是每个人都站在自己的立场尽可能地推卸责任，或者转移事实，或者尽快平息事实，而不是让事故中所折射出来的各种问题，进入现代化的历史之中，成为现代化的精神资源，那么这些事故中的死难者就成了现代化这个宏大历史诉求背后的必要的牺牲品而被合理化了。

　　我打心底里说是一个善良的人，我也很乐意从最善良的角度来揣测他人，我知道这些主事者心中当然也是充满了对生命的尊重——当然，他们自己的亲人没在其中，所以他们的尊重还没有到那种把每个人都当作自己的亲人，都是不可替代的生命个体——但他们同时要顾全大局——不知道什么才是真正的大局，尊重生命高于一切才是现代化的根本内涵，否则这样的现代化就不过是为少数人谋取资本的现代化，而不是每个国民的现代化；要以铁路的畅通为重——铁路畅通当然为重，只是如果不充分地面对我们当下的问题，铁路到底还会不会重现类似的或者不类似的其他事故；要体现高铁大国的形象——我们的发言人一再声称我国高铁技术是可靠的，殊不知，我们的技术也许很高明而且可靠，但任何技术都需要人来运用，如果使用技术的人不可靠，那么技术不会自动地可靠，或者可靠的技术也会有出错的时候；人死了难以复生，既然没有生命迹象，所以事故处置就应该及时改变重点，由救援转向安置和畅通——这样的结果当然是可能轻易地漏过了生命探测仪可能漏过的生命，要知道我们的生命探测仪也是不可靠的啊，救援的难度当然很大，可一旦我们有了生命探测仪的依据，我们就可以心安理得地不再管其中可能的生者，当然不管其中的死者，所以事故过去这么久，我们始终没有清楚地听到任何关于失踪者的数字，死亡人数定位在39位，这样的结果就是那个2岁多的小女孩的幸存完全是靠运气而不是靠我们社会的救援机制，我们这个救援机制恰恰是要让这个小女孩送死的机制。不仅如此，我们实际上从根本上缺少对于死者的尊重，当那位在火车站等待自己6位亲人的男士，结果等来了5位亲人的噩耗，殊不知，缺少对死者的尊重就必然导致缺少对生者的尊重，因为生者许多时候也可以被当作死者，一旦生者的生命在探测仪之外，他/她就早已被视为死者了。

根据完全可以预料的结果，这个事故最后的处置就是该撤职的撤职——撤职当然是必要的，但我以为撤掉上海铁路局局长、书记、副局长的职务，还是有些偏早，至少我们根本就没有看到事故到底应该由谁来负责，就赶紧撤职了，当然这样做的目的是安抚民众，但责任如果不能落实，其实是很难真正起到安抚民众的效果的；该赔偿的会尽可能被满意地赔偿，我们的铁道部门应该钱是不成问题的，死难者的家属也自会因为多种原因选择从此沉默；最后的结果是大家皆如意，至少是社会很快恢复平静，新闻媒体也是借这个机会热闹一下，很快陷于平淡之中，死难者永远无声无息地淹没在高铁现代化，乃至整个中国现代化的背景之中；最后最后的结果是外甥打灯笼——一切照旧。

如果说不以事件的快速处理为目标，而是实实在在地以人为本，以事故中的生者与死者为本，那么更为妥帖的处理方式至少包括：一是因为是实名制购票，完全可以查清损害严重的车厢的人数，尽可能地公开事故中的所有可能的受难者，公布他们的姓名，然后一个个澄清，让所有的人都能得到足够的尊重，包括所谓的失踪者——又不是在大海里，挖地三尺也完全可以把失踪者找出来；二是不以尽快通车为目的，当然也不必有意拖延，而是以清理好所有遭遇事故的人员，同时查清需要在现场才能查清的原因，避免事实的遗漏——很多有价值的线索都是在我们的急切转移中遗漏的；三是尽可能多地保留遗物，特别是死难者的遗物，当然也包括报废的车厢，这些都是事故发生的最有利的见证，这些见证的保留就成了这个事故永远活着、从而警示后人的见证。我们的有关当事人当然最期望尽快销毁这些遗物，好让人们五官清净，从此把这个事故遗忘，以减缓个人的责任和良心的担当，这样做当然可以理解，但问题在于，这个事件一旦发生就不应该成为少数人的事件，甚至不只是当事人的事件，而应该成为民族的事件，成为现代化的事件，成为公共的事件，它们的意义是属于公众的。正因为如此，尽可能多地保留遗物，其实就是让死难者的生命意义得到延续，他们虽然不幸死了，但他们的死真正成了改变中国高铁战略，甚至改变中国现代化战略、提升社会的人本水平的契机。苟如此，则个人的不幸真的反过来变成了一种民族的幸运，正如谭嗣同戊戌变法失败，放弃逃离，选择被杀之前所言——"在中国，民众必须用血才能唤醒，断头请从我开始。"

记得有一张照片，是一只脏脏的鞋子，无力地躺在泥土之上。多么期待这只鞋子有人能保留下来，甚至能有更多的遗物。

当然，最重要的是留下每个死难者的姓名，或者还能有一段他们的小传，好让他们因为这个事故被截断的生命故事能有些许存留。这种期待的实现其实很简单，就是修建一个"7·23"事故纪念馆，最好是在事故地点附近，把残留的车厢原样保存起来，把所有能搜集到的遗物集中起来，把所有死难者的姓名刻成纪念碑，当然也要把救援的故事保留下来，特别是那位温州的武警支队长的故事，让我们的民族把这个事故永远地记在心里，把这些苦命的死难者弱小的灵魂紧紧拥抱在怀里。唯其如此，"7·23"事故才成了跟每个国民相关的公共事件，成了每个人的事件，而不只是事故相关者的事件。也唯其如此，我们作为公民个人才实实在在地走进了公共事物之中，否则我们永远只能是作为旁观者，作为事故的消费者，而不是作为深深地关切公共事物的人，不管是主动还是被动，我们都成不了真正的公民——所谓公民，就是拥有公共事物的人。写到这里，我突然明白，以各种方式记住这个事件，不仅仅是对逝者的尊重，其实更为根本的是对我们每个人自己的尊重，对我们作为公民身份的尊重。

　　写到这里，我的眼里满是泪花。我知道我的设想不过是空想。那些死难者的家属今后只能对着黑夜发出自己的哀思，他们甚至找不到一个合适的地方来追怀死去的亲人。我也只能在无力的文字中向着那些远去的灵魂做出无力的祈祷，祝他们一路走好！

以思想之火点燃日常教育生活之薪

　　"麓山之友"教师合作沙龙是一个完全自发的闲散的组织。最先源自我在博客上的提议，希望能在长沙的麓山脚下建立一个教师合作组织，在几位骨干教师的积极响应下，"麓山之友"教师合作沙龙逐渐组建起来了。"麓山之友"教师合作沙龙秉持"自由交流与思想共享"的原则，真实记录、真诚思考、真心交流。网络在线讨论是主要的活动形式，此外还有读书会交流、教育现场观察以及主题研讨。

这几年来的亲身经验让我感觉，在线研讨确实是一种非常好的交流形式。主要原因在于其无限的开放性，只要有兴趣的朋友，想来就来，想走就走，发言多少不限；你可以说自己的观点，也可以对别人的观点加以评论；你可以赞成，也可以反对；你可以同时参与，也可以提前发言，或者后面留言。正因为交流的自由，无拘束，反可以让在线讨论获得意想不到的效果，这可能是讨论能延续下来的原因。但要做好，做深入，确实是一件非常不容易的事情。这其中有几个环节是必不可少的。

先是确定好主题，好的主题是在线研讨得以成功的必要前提。最初的讨论大都是由我拟出，再征询骨干成员的意见而定。我定主题的原则有三个：一是大家都有话说，贴近大家的日常生活；二是能激发大家对日常教育生活的反思，有一定的引导性；三是有一定的新意，或者问题本身较新颖，或者问题的角度有新意。基于这几个原则，我们进行的话题讨论主要有"学生对教师的记忆""穿越时空的对话——我记忆深处的阅读经历""追忆远逝的童年：童年生活给我们的启示"" 回忆我的中小学时代"" 我当学生的幸福时刻"……这些回忆性、叙事性的主题颇具吸引力，一是大家都有话可说，二是平常的话题下隐藏着深意——重温生命的过去，感受生命的温暖，并从中探寻生命与教育的真谛。

随着讨论的深入，主题确定的形式变得多样起来，有时是讨论过程中的自然生发，如"教师不能承受之重：今天的教师怕什么""师生交往中的平等如何可能"；有时是集中大家的智慧，在群体讨论中凸显，如"小中见大：教育生活中的趣事管窥""寻找有创意的教育""我当教师的幸福时刻""'我'的网络生活""小学教育应该为孩子们将来的残酷竞争准备些什么""新学期，我的微小改变"等一些关注我们自己，关注教育生态的主题；更有一些就教育中的热点问题重要问题进行的讨论，如"学校共同体与教师专业发展""如何拓展个人的发展空间""我们离诗歌究竟有多远"。总之，主题的确定不是盲目随意，而是试图从一些当下教育重要的、却往往在日常教育生活中被遮蔽的主题，比如爱、美（诗歌）、自然、童年、生命等核心要素出发，紧扣教育实践，提倡切己的言说，并试图显现教育生活的内在机理与发展的可能性。

具体活动的组织同样是关键。先是主持人的确定，在线讨论的自由性往往容易导致散漫而无序，所以主持人的适当引导是必不可少的。"麓山之友"每一次在线讨论一般我都会参加，并邀请相应骨干成员一起主持。主持人除了端茶送水迎送宾客外，还需时刻关注讨论的进程是否偏离主题，一旦有偏离，应及时牵引到正常的讨论轨道上来。同时，主持人还应根据讨论的情况及时总结提升，确保讨论的深入。

以两次在线讨论为例。第一次在线讨论"学生对教师的记忆"勾起了大家对于往事的回想，很多老师都踊跃发言，但都基于事例的描述，很难引起交锋，更不能引起共鸣。主持人适时加以提醒：希望大家在谈了自己记忆深处的老师后，能用回味的语气说几句感想。于是，大家很快意识到，这次的讨论并不仅仅停留在回顾往事，而是要透过对教师的回忆，思考到底为什么有些老师有些事会深深留在我们记忆之中？这对我们自己做教师有什么启发？我随即抛出这样的结论："爱、美、关怀、趣味、幽默、智慧、个性等，都可能成为我们内心深处对教师最美的记忆。从另一个方面而言，那可能就是恶、缺乏爱心、专制等，成为我们对教师最糟糕的记忆。还有大部分的，可能个性缺少了一点，就慢慢随着时光流逝，而消逝在我们的记忆之中。"

"教师不能承受之重：今天的教师怕什么"是一次热烈的讨论。"说出教育周遭生活中的怕"，这样的主题本就很容易导致纯粹个人意气的发泄。主持人一开始便建议"朴实地写下各自对教师人生担当的苦，最好是少带一点个人性的怨气，这样我们可以深入地讨论一些问题"，但在讨论过程中仍然引发了争议。争议起源自韩冰剑老师的一句："好老师，会少很多怕。"持反对意见的十八子马上反唇相讥："一个优秀的教师内心应该是有更多痛感的老师而不是优哉游哉的老师。优秀的老师更不轻松，灵魂更会受到撕裂的痛苦！"支持韩冰剑老师的认为这是大实话，"我们只有在体制中赢得了自己的空间和立足点，我们才可能减少一些不必要的怕和麻烦。"这样的争论自然深化和拓宽了关于"怕"的理解。追梦人感叹"我们为自己价值的实现，为自己能找到职业的幸福和尊严而苦苦追寻，真的有很多不能承受之重。"十八子将"怕"区分为"外显层面的怕"和"本质的怕"，并认为"内心中有所敬畏才是怕的本质。强壮起来以后内心的敬畏会越多。"这样的观点无疑令人深思。

　　讨论并没有简单停留在教师的"怕"上，在主持人的建议下，继续讨论"怕"的释放。老师们的发言更加精彩。比如对"制度的恶"采取装聋作哑的态度；比如追求"淡泊明致，宁静致远"，适当让自己进入"忘"和"外"的境界；比如和志同道合、相互支持的同行一起前行；比如"做自己"，执着地追求自己认定的有价值的东西，不在乎外在的评价；比如有所担当，努力找寻到适合自己成长的土壤，并且改良土壤……大家一致认同这次的讨论就是一种探询、消解怕的方式与途径。并期望"麓山之友"真正成为广大教师的精神家园，"在这个家园里，我们虽然有着许多的'怕'和'苦'，但我们可以直面困苦，直面自我人生；在这个家园里，我们虽然同样是默默无闻，但于平凡之中我们也可以追求我们作为教师的幸福。"

　　如果说主持人的引领十分重要的话，参与的人员就是讨论得以顺利进行的基本保障。为了保障足够的参与人数，"麓山之友"教师合作沙龙特意安排了专门的"联络员"，负责在线讨论诸多事宜，比如主题的宣传与发布、提前邀请参与人员；建立了"麓山之友"博客，开辟了专门的交流平台；同时倡导成员建立自己的博客，扩宽交流的渠道，吸引更多的成员参与；开设了 QQ 群，使平日的交流更加方便快捷。

　　每次在线讨论后的整理也不可或缺，整理是对讨论的必要的梳理与回顾，给大家对讨论主题一份清晰的记录，同时也让大家真实地感受到讨论的成果。目前，"麓山之友"在线讨论的成果已经在我主编的《教育人文辑刊》，还有《福建论坛》（社科教育版）、

《中国教育报》等纸质媒体上陆续刊登。此外，网络讨论还需要现实的补充，我们在网上讨论之余，走进教育现场、读书交流、现场主题研讨等，一系列的活动都或多或少地起到了延伸与拓展在线讨论的效果，逐渐使"麓山之友"真正成为立体化、多样化的教师合作交流组织。

细细思考，在线讨论的根本意义，或者说生命力，就在于通过这样一个自由交流空间的悉心打造，激发参与者思想的火花，并用这种思想之火来激活大家对个人日常教育生活的反思，从而使得平平淡淡的日常教育生活之薪能够燃烧起思想的力量，能在一定程度上促进每个参与者教育精神与教育人格的反思与超越。"在教育时空中寻找同道人"，这是一篇在线讨论实录的标题，曾发表在2008年4月24日的《中国教育报》上。"麓山之友"一路走来的过程，难道不就是在教育世界里彼此寻觅的过程？

第五辑　成为好教育的见证

我们为何从这里再出发

——在长沙市第三十七中学《中学生命课堂实践体系构建》
开题论证会上的讲话

对于我来说，每一次说话都是一次体验，我自己是把它当作一次考验，一次精神的历练。因为每一次说话，包括做老师，每一次站在学生面前，其实都是一次亮相，一次自我生命的展示。不管这一展示是短暂的，还是较长时间的，它总是关系到我们在学生面前如何显示自己，如何或者以什么样的方式进入他人的心中。我以为这是个很要命的问题。

这意味着从你想说话的那一刻起，从你站在学生们面前的那一刻开始，你就要反思，你的一言一行都在孩子们的世界中。那么你如何立足于他人的世界，在此时此刻达成一种相互的成全？

所以，我们提生命化的教育，生命课堂，其核心的目标就是要提高生命质量，不是一般意义上的提高生命的质量，而是要提高此时此地的生命质量。也就是我与孩子们相遇的每一刻，确切地说是人与人相遇的每一刻。我经常跟学生们说，我当分管研究生工作的副院长，尽管我当官的意识不强，严格的说是很不强，但是我坚持任何时候站在你面前说话，我哪怕说三句话，也一定要让你们在这三句话中获得启示。对于我而言，这一刻，既然我跟你相遇，我要能够给你启示；这一刻对于你而言，我们的相遇，要能够达到一种生命的激励。反过来，我自己在说话的这一刻，也达到了一种提升。所以，我说，好的教育一定是双方的，一定是过程性的，是过程与结果的统一，是老师和学生的相互成全。

说到这个课题，我觉得周校长确实有一种热情，又比较踏实，正好符合我的一种教育实践的理想，我觉得我们站在学生面前，就应该是这样的。换言之，做这个课题非常重要的一面，就是要体现周校长或者我们学校的一种生命感，也就是说，看了这个人，有一种亲切感，包括我们这个学校，走进来，就是有变化了，这就是我们做研究的一种价值，就是要提升我们的自觉，提升我们的教育自觉。说白了不是为了写两篇文章。写文章又是为了什么呢？是为了我们自己。**我们做研究的意义是什么呢？是为了我们自己。**如果说真的是做一个课题，就能够解决问题，那么我们中国教育的问题早就解决了。实际上不是这样的，我们也许不能改变世界，但我们可以改变我们自己，通过课堂研究，我们可以让我们自己行走在校园里，更有生命感，更有意义，更沉稳，这是我们做课题的一个非常重要的一个出发点。

在这里，我想说一句，做课题重要的是以这个课题为契机，让老师们、让这个学校能够凝成一股绳，不是要这个课题研究得怎么样，而是在于我们通过这个课题改变了什么，获得了什么，提高了什么，这才是我们的一个着眼点。目前，这个课题投入还是有很多，说明校长还是很有远见的，这个团队也是很有远见的，但是我不知道我们老师们是不是认同。所以，我想我们有必要关注一个问题：我们老师们是以什么样的方式来加入这个课题之中？它仅仅只是作为一个校长布置的工作，是一个压力，还是确实因为这样做对于我而言很有意义。我不知道在座的各位老师们是什么心态？因为内在的喜悦，它是别人认不认可都没关系的，也是不会轻易冲淡的。论语开头有三句话：学而时习之，不亦说乎？有朋自远方来，不亦乐乎？人不知而不愠，不亦君子乎？这三句话讲的是什么，就是为学之道，就是要不断地去温习，去与古人沟通。这就是一种快乐，真正让学生得到快乐。其实学习是很痛苦的事情，是苦中的快乐，难得有朋友来，我们一起来分享，我们共同学习，这不就是快乐吗？人不知而不愠，别人不知道没关系，自己能从中找到一种精神的快乐，这就是君子之风。《论语》的精髓就是前面三句话，就是关注一个人，一个学（习）者为学的一种基本姿态。我说这三句话的意思就是想知道老师们目前有没有这种自觉？有没有觉得我做这个事情，很快乐，很开心，我觉得这就是我们要做的，如果说还没有达到这一点，那说明我们校长还要更多地激发大家，也就是要找到学习的快乐和研究的快乐。缺少了快乐，就没有内在推动力。一定要让老师们找到课题研究的乐趣，我觉得这是很要紧的。

当然，还有一点，通过这个研究，改变我们的老师，改变我们的学校，提升学校的品质。说比较实在的话，就是提升学校的品牌，品牌是一个很现实的问题，社会认同，孩子认同。要让老师们知道我们投入是很值得的，确实对于我们学校的长远发展而言是很有意义的，这是我想说的第一点。

接下来，主要是谈问题，谈建设性的问题。我谈一个直觉，上一次听周校长的汇报《让感动伴随孩子成长》，我感觉讲得非常好，讲得很准，又有高度，确实把这个学校的亮点抓住了，更重要的一点就是有魂。我平时跟学生交往，特别强调的是，我只要讲上三句话，就一定要能给学生以某种启迪，我一定要讲清最重要的东西是什么，要让学生一下子能抓住的东西是什么。我感觉上一次那个讲话的标题"让感动伴随孩子成长"这就是你的魂，然后你整个讲话的内容，都有这个魂，所以我们大家一听就明白，就有一种亲近感，但是我目前的课题还是有点像一种事务性的东西，它的"魂"还不够分量。所以，我想又回到前面的问题，如果说没有一个能够抓住老师们魂的东西，他们参与就纯粹是一种工作的参与，而不是一种生命的参与。当下一个很要命的问题，是要把生命课堂的魂给挖掘出来，用很简明的话把它提出来，真正能够打动老师，真正能够打动孩子。

那么，我们课题的出发点是什么呢？我们的魂，到哪里去找呢？两个方面：第一个方面，我们提出生命课堂，乃是针对知识课堂而开展比较，生命课堂与知识课堂我们究竟要怎样来看待？这两个东西是不是截然分开的？其间是一个什么样的关系？我在这里想，用很简单的话来说，知识课堂就是要把知识教给学生，把目标完成，我不管你到底快乐也好，高兴也好，我就是要把它讲完，我听过很多的课，那就是老师很着急，老师就是生怕这节课完不成，这就是很典型的知识课堂。知识课堂转向生命课堂转的是什么？不是说不要知识，而是说在关注学生学习的同时，还要关注学生本身，关注孩子们学习的状态，就是要把两个东西结合起来。如果说直白一点，知识课堂的目的，实践形式就是把这个课讲完，那生命课堂的目的是什么呢？就是在把课讲完的同时，还要关注孩子们生命的感受，身心的感受，这个生命说白了就是身心，就是它的身体状态是不是放松，心理状态是不是比较愉悦，比较充实，就好像你听我讲话的时候，就发现有时我讲得非常不好，那时候你的身体是什么样的？是压抑的，但是我讲得比较好的时候，你的生命是兴奋的，不知不觉你的眼神就动了。我常说评价一堂课好不好，很简单，就看眼神就行，看台下的眼神，看孩子们的眼神。如果孩子们的眼神是游离的，木然的，那就不是好课堂；如果是闪亮的，孩子就被打动了，那就是好课堂。这堂课老师讲得再好，孩子们在那里三心二意，眼睛呆滞，那绝对是不好的课堂，因为所有的课堂，所有的教学都要指向孩子，就是以孩子的此时此地的生命感受为中心，为根本。这就是我们强调的一个核心的东西。我们今天讲生命课堂，并不是说不要原来的知识课堂，不要教材，那是不可能的，中学生和小学生、幼儿园不一样，幼儿园纯粹就是玩，中学还是要学知识，要有方法，要让孩子们有兴趣，要乐学。这就是成长于感动之中，你把感动作为背景，把成长作为焦点，我们的生命课堂就是这样的，把生命的唤起作为背景，把知识的学习作为焦点，目标还是在成长。但是我们的出发点是什么？是生命的激励与唤起，就是在激励生命的基础上，让孩子们得到成长。这样的话，他学习就有了神，就有了精、气、神，就有了方向，就好像课堂被点燃一样。这就是我们的目标，不仅仅是让孩子们学好，学进去，而且是让他们在学的过程中，本身就体会到好。这就是我们所说的"好好学习，天天向上"，学习的过程同时也是一个生命力被激活的过程，一个人生被引导到积极乐观的发展方向的过程。我们第一个基本的着眼点，就是要澄清这两者的关系，我们要有所超越，超越它不是排斥，实际上排斥也不可能，你让我们的老师一下子完全转过来，也是不可能的。我们这里要注意一点，改革，我主张改良，因为我是特别温和的一个人，虽然我心里面比较急，在实践之中，只能是温和的，静静的，一点一点改。包括我要讲的就是要注意一些细节的问题，从一些细节的问题改起，细节的问题做好了，别的东西自然就做好了。所以，首先要明确我们的出发点是什么？我们只不过是在原来的基础上增加一些东西，转变一点姿态。譬如，老师们同样是请学生们回答问题，在回答问题的时候，能不能够尊重他，能不能够多听一听，看看他到底什么原因答得出，什么原因答不出，这个过程就不一样了。同样一个事情，用不同的方式去做，做出来的效果就不一样，这是第一个基本的出发点。

　　第二个基本的出发点，是一个比较现实的出发点，三十七中要做这样一个课堂，当然它有偶然性，这是周环香校长正好与我相遇，或者她又有一种热情，有偶然性的因素，但是它也有必然性的因素，必然性的因素是什么呢？为什么一中不需要做这样的课题，附中不需要做这样的课题，为什么？因为他们学校有历史的品牌，他们有好学生，他们不需要做课题，他们学校一样很响。我们需要用这些东西来提升我们的品牌，来真正做出一点东西，我们要找到我们在目前这个时代，这个背景下，学校生存和发展的基础、根基和根本之所在。也就是从学校的现成历史与品牌上去超越他是不可能的，那我们怎么样找到我们自我超越的方式？立足于我们踏实的自觉。我们做生命课堂研究，就是要把这个课题作为我们三十七中的一种自觉，一种精神自觉，我们的学校发展，首先需要我们置身时代与现实挤压中有足够的精神自觉，找到我们发展的踏实的根基。

下面的问题是，我们的根基是什么？我们最重要的根基是什么？这就涉及前面两处提到的，我们要了解学生，要研究学生。其实真正这个课题最缺的就是这一块，所以我们堂而皇之地谈生命课堂，谈激励生命，那其实是虚的，不具备操作性。那么我们要怎样才不虚呢？那就是我们不是笼统地谈尊重生命的课堂，我们谈的是尊重我们三十七中现有的这一群孩子的生命的课堂，这就是前面所说的要回到此时此地，要切实从我们当下的孩子出发。

一个课题，一个研究，一个主题，之所以能够成功，能够有意义，它一定是切中了学校的根本性的问题。我们今天讲生命课堂，如果说只是为了校长的好奇，做一个课堂模式，写几篇文章，绝对是没有生命力的，它怎么样有生命力，一定是它真正体现了老师，体现了学生的内在需求，它就会有生命力。现在我思考的很重要的一个教育主题，包括一个人为什么会好好学习，包括我为什么会不断要求自己好好努力，就是因为我形成了一种内驱力，形成了一种真正的对人生的思考，对社会的一种责任感。

只有最深的能够打动人的东西，才是有生命的东西。打动人，就是打动这一群孩子。我们怎么样真正的了解这一群孩子，把握他们的特点，然后我们才能提出我们生命课堂有针对性的理念，这样提出的口号它就不空，它就能够落实到孩子们的身上去，它就能够落实到师生交往之中，否则的话就是空的，说说而已。现在大学里面到处贴了很多空的口号，看上去很美，但却很空乏无力，譬如大学里提出"民主兴校，人才强校"等响亮口号，创建什么什么学校，请问你的具体目标是什么，具体路径是什么，你怎样实现这个东西？一看下面没有任何路径，就只有几句空话，就成了摆设，就是显摆，给人看的。外面领导来，摄影记者来，看到这里有几句话，是不是？只有真正进入了师生生命的东西，才是具有生命力的东西。

我想这也是我们课题的一个出发点，怎么样往深里去寻找，往现实中去扎根，确实去扎根到三十七中孩子们的生命之中，所以我们确实要了解孩子的特点是什么？打工子弟多少，他们心态是什么？他们需求是什么？他们到底是学习方法有问题，还是学习态度有问题，还是自我认同有问题，还是学习资源的问题？不同的问题，我们要用不同的方式来面对。像一中的孩子，它是不一样的。所以我们的着眼点在于问题之中，如果我们的孩子自我认同有问题，我们就要让孩子们有自信。如果我们孩子很自信，只是方法有问题，那么我们生命教育就是要给孩子们以方法的引导。聪明的孩子，学习的资源少，那我们的生命教育就是扩展他的资源，让那些聪明的孩子能够接触到更多的东西，这就是生命教育，生命课堂，切实的针对孩子的特点来提高生命课堂的针对性，提高生命课堂的影响。这就是我前面讲的两大点，两个基本的着眼点。第一个是普遍性的，第二个是特殊性的。普遍性的问题是怎么样超越知识课堂，特殊性的问题是怎么样面对三十七中我们自己的孩子他们的生命的成长，对他们的意义。

这是出发点，好，下面就是具体的做法。具体的做，当然是在两个层面上，一个是在宏观层面，一个是在微观层面。宏观层面就是在大的设计层面，高端的层面，无非是四大问题。

第一大问题，就是理念的问题，这是我前面所说的，怎么样有明晰的、打动老师、打动学生的理念。首先是核心的理念，三十七中提出"以生命润泽生命，以成长服务成长"，可以。但还有具体的理念，包括目标的理念、过程的理念、结果的理念。目标的理念我刚才只是初步想了一下，我想我们的生命课堂理念对我们这群孩子而言，我觉得最主要的是两句话："自信自强，幸福成长"。所谓"自信"，是态度，"自强"，是能力，那就是让我们孩子们有自信的态度，有自强的能力。所以上次周校长讲到自闭症的孩子，这是一个典型，所以它可以成为我们三十七中孩子教育的一个样板，面对这样一个孩子，我们应该怎样去教育，当然就是要他学会基本的社会适应，让他找到自信，找到中学生成长的感觉。第二个就是要给他适应社会的能力，你仅有一个空的自信心是不行的，要有实实在在的能力，所以这是两个方面。然后他追求的是什么呢？就是幸福，要有幸福感。还要有成长。我开始想的是什么呢，就是健康成长，或者成人成才，因为中学生还没有到那个时候，大学生才可以谈成才，中学生还是要有一种成长的感觉，这就是目标的理念。当然这个目标还只是学生的目标，还要有老师的目标。那么老师的目标是什么呢，那就是教得开心，我没有太多思考。然后是过程理念，那就是我们前面讲到生命的激励，就是强调自我生命的积极唤起，激励老师，激励学生，达成教育过程中积极的师生生命状态。我们原来讲启发式教学，我提出兴发的教学。兴发和启发有一个很大不同，启发它只是在知识层面上，在思维层面上，而兴发一定是在生命层面上。启发关注的是如何去思考问题，如何去学知识，兴发关注的是人在学习中如何生活。人在课堂中如何生活？他的生命状态是什么？所以兴发就是要点燃他们。结果是什么呢？结果理念就是让孩子们享受愉快的课堂，让孩子们在三十七中拥有一段幸福的中学生活，或者是充实的中学生活体验。也就是不管怎么样，不管他们能不能上重本，上一本，或者就是去当公交车司机，这个都没关系。更重要的是曾经给予一段在三十七中难忘的经历，或者说在三十七中学过了一段感动的中学生活。这样的话很明晰，就让老师们意识到，我们为什么要去做呢，很简单，就是我们在实实在在面对他们，怎么样让他们得到自信，怎么样给予他们方法，怎么样来激励他们，来达到目标，就是让他们在这里过一段感人的生活，感动的生活，让感动伴随他们成长。这就是把一个宏大的理念落实为一种实践的路径，具体怎么做，你们还可以再提炼，征求大家的意见，变成大家认同的话。话也是生长性的，不是我讲出来的就是理念。如果我们的整个理念只提成全生命，激励生命，这句话就有点空，有点虚。我们要让老师知道到底如何来做，我们要落实的目标是什么，过程是什么，结果是什么？

第二大问题就是学生。我们这个课题的根本着眼点就是学生，那么我们怎么样研究呢？那就是要研究学生的三个层面：第一个是学生的知识层面，第二个是学生的学法层面，第三个是学生的活法层面，所以我们的生命课堂，由关注学生的知识，上升到关注学生的学法，再上升到关注学生的活法，这就是我们的三层关注，那么怎么来看，怎么来做呢？首先我们要看看学生的知识状态如何？他们的现状如何？他们的学法如何，他们是不是畏学？他们现在的活法如何？通过我们的生命课堂，我们达到怎么样的知识状况，让他们不只是拥有踏踏实实的课堂学科知识，还要有开放的知识视野，创造的能力。学生的学法，原来有什么样的学法，现在他们是不是学得更灵活了一点？是否学会合作的学习？学会一种开放型的学习？自主的学习？然后就是学生的活法，那就是让学生活得自信，活得自强，活得开心。虽然学生成绩有点差，但是没关系，让这些孩子也比较的自尊、自信、自强，今后走上社会一样可以过健康的生活。这是我们的一个目标。这就是切切实实，把这个课题落实到学生的身上，转变成对学生的现状和目标的认识。

第三个问题就是教师。生命课堂还是要靠老师们去实践，不是靠我们几个课题组的成员能够解决的，所以一定要全方位地依靠老师。依靠老师，首先要提高老师的认识，老师们现在怎么样看待课堂？怎么样看待当老师？怎么样看待在三十七中当老师？他们的态度如何？那我们的目标，就是在认识层面上，我们期待他们如何。我们期待他们积极地认同三十七中，认同我们生命课堂的理念，认同三十七中的孩子，这就是提高他们的认同。其次要改变教师的教法。我们期待他们转变什么？也许他们有一点创意，但是是零散的，他们也有想法，但是为课业负担所限，他们也想搞研究，但是他们的负担很重，那么我们怎样来转变他们的教法？我们在关注他们现状的基础上，他们能够干什么，不能够干什么？他们要改的话，需要什么样的知识条件？所以我前面讲了一句话，如果课题研究仅仅只是增加老师们的负担，那么对老师们也是很难的，那么我们如何切实减轻老师们的负担，让老师真的想研究，多读点书，能够有讨论的余地和空间呢？虽然我们很多地方搞茶吧，咖啡吧，学校搞一个茶吧咖啡吧，无非是让老师们有时间和心态来这里。闲暇出智慧，没有闲暇的心态的话，搞别的东西都是空的，喝蓝山咖啡也解决不了问题。它是一种心态秩序的问题，所以要让老师们切实有一种心态秩序。当然这需要一点一点培育。最后就是改变教师的活法。现在教师的活法是重复性的、压力性的、略带职业倦怠性的。那我们要达到什么样的目标？创造性的、生长性的，一种虽然感觉很有压力，但是你依然很奋进性的、上进性的、而不是倦怠性的。我前面讲了，老师和学生一样，也是需要去做这些事情，老师的压力是必然的，我们的问题是什么，就是要让老师有压力，还能把压力真正变成一种动力，真正在带着压力的过程中因为有对学校的认同，对课题的认同，对孩子们的认同，让他们把责任心变成一种动力。说实在的，包括我带这些学生，我的压力真的都是很大的。我脑子里总是在想他们的论文，总是想给他们提一点建议，学生有一点成绩，我也很高兴。你说当老师辛苦吗？真的是辛苦，每天想着这些事情，但是很乐意，因为你很认同这个东西。这就是我们生命课堂要解决的基础性的问题，就是要老师们在过程中找到快乐，找到一种职业的尊严感，职业的认同感，真正觉得到三十七中学是很快乐、很充实、很有意义的。它不仅仅是完成了工作，更重要的是改变了学生，改变了自己，也就是要让老师们觉得，我教了这些孩子，尽管他们没有考上很好的学校，但是我觉得我依然很值得。我们的生命课堂，就是要帮助老师们找到成就感，为他们找到职业生涯的成就感，切切实实地提供帮助。只有这样，老师们才有动力来做这些事情。否则的话，是没有动力的。仅靠外驱力是解决不了问题的。

　　第四个问题就是课堂。我们要了解课堂的现状是什么，课堂的目标是什么，我们的课堂有没有兴发。我们老师也有兴发式教学的时候，但是这个兴发是偶然性的，没有变成一种自觉的行动。我1986年教初中的时候，在乡里教书，那个时候我没有很多教学理论，但无形之中也运用了一些东西，也还蛮有意思。我跟学生关系很好。有一次，下午上课的时候，还有几个孩子没来，我就在那里等了几分钟，而且等得有点烦躁了。最后有几个女孩子风风火火走进来，那几个孩子不是特别会读书的孩子，那怎么办？如果是一般的老师，可能会很生气，但是我看到她们手里都捧着一束映山红，所以我当时就讲"对不起，没有等你们，你们用爱美之心去采花了"。这样说的话，孩子们也认识到了没有及时赶过来，但是也很体面，也很有尊严，虽然映山红很好，但是上课了，还是要及时赶到。这样的话，课堂对于孩子们来说不是压力，而是有点意义、有点韵味，跟我相处的过程不是一种压抑感。有意义的教学，很多时候都是一种很小的事情。我们讲兴发课堂，不是另起炉灶搞一个什么什么东西，而是在日常的教学之中如何切切实实关注学生，关心学生的身心状态。我去学校讲课，大多数时候都讲得不错，但确实有的时候讲课自己都讲得不想讲了，讲得味同嚼蜡，如果台下没有被带动起来，讲得不想讲了就讲得很累。有次去山东潍坊讲课，就讲得不好。从此以后我定了一个规矩，凡是有人请我到一个很陌生的地方去讲课，我坚决不去。因为我也是需要兴发，因为你到那里去，又没有熟人，没有一个熟人，我就不能了解任何情况。这样的话，第二天去讲课就没有一个兴发的眼，然后讲课有时是有摄像头的，还有几个分会场，那个时候搞得人很紧张，你不敢放肆地去讲，就导致课讲得特别不好，讲得不好，下面就有讲小话的，反过来又影响你的情绪，所以你就感觉很痛苦。但是确实有几次课我讲得特别的好，包括在博才，在北雅，讲得非常的好，还有几次班主任年会，都讲得非常的好。所以每一个人都需要兴发，当你自己以一种兴发的姿态进入课堂中去，那就不一样，所以我们要找到兴发的眼。老师要找到兴发的眼，只要有心，就能够找到可能给学生眼前一亮的东西。孙明霞老师，很重要的一点，愿意去兴发学生，她用各种各样的方式去兴发学生。还有窦桂梅老师，她在这个方面做得非常好，她用自己的热情把大家带动起来。

有一次，我们去听一个实习生的课，那学生讲得很好，小学课堂就是游戏，就是让学生玩起来，带动所有学生。大家好像觉得中学生不需要游戏一样，其实错了，我们大人都需要游戏，我们讲得生动，一样的喜欢。每个人都是一样，人同此心，心同此理。切实地找到兴发的眼，让老师们认同这个东西，然后自然而然的换成一颗平常心，自然而然就可以兴发。以前没有提出兴发理论，也可以凭自己的觉悟，达到这个目的。因为我们切实地为孩子着想，关注孩子，那么我们自然就可以做。这就是我讲的宏观层面怎么体现兴发的理念，在了解学生，关注老师的基础之上来建构生命课堂的实践模式。从我们课堂的现状来走向课堂的理想。

最后一个问题，我们这个课堂到底如何做？我们这个课题研究做了很多，很多东西很难做，我也建议不要做，比如说师生价值观共同发展研究，包括开发学生潜能研究，这些东西都不是特别好做，不具备可操作性，尽管这些话题很好，但是建议暂时不要做。那我们能做什么呢？明晰理念，在理念层面讲清楚，接下来就是告诉不同的老师，第一个首先就是学科老师，立足于学科，立足于课堂来做；第二个就是立足于学校的支撑系统，也就是我们讲的生态来做。

第一个，立足于课堂来做，分为三类。第一类就是所谓主科，就是我们目前的课程的学习，这些以知识为主的课堂该如何兴发学生。作为一个很重要的课堂，一个实践课题，我们可以文科一个组，理科一个组，因为文科理科有一点差异。语文，历史，政治，外语可以在一起。理科的可以在一起。特别是政治，政治要上得好，兴发理论是可以的。当然政治有一点难度，现在在不断地变，但是不兴发政治也蛮好。第二类就是体艺，我特别强调体艺学科特别重要。我们现在强调生命课堂，强调兴发教学，在某种意义上说，就是为给老师们现在的学校赢得重要的机会。所以我走到哪里，都是讲体艺的重要性，包括两个方面，体艺课堂怎么活起来？在我们整个学校如何起到一种基础性的作用？用我的兴发理论，体艺对其他学科具有兴发作用。所以怎么认识到体艺课程的重要意义，体艺课堂怎么样达到这种意义，就是这两个方面的问题。第三类就是研究性学习，不知道学校开了没有，没开也没关系，那就是怎么样让学生自主学习？包括我们的课后作业，包括我们的探究，这一类主要是培养学生的自主能力，使学生能独立思考，独立找问题，关注社会等。

第二个，立足于学校支撑系统来做。作为学校支撑的，或者说生命课堂支撑系统的主要是三类。第一类，主题活动，文亚老师前面说到要用活动来作为学校的一部分。一个学校死气沉沉，那就没有什么意义。生命课堂只有立足于整个学校生龙活虎的基础上，寓生命课堂于生动的学校文化之中，它才是有意义的。生命课堂要立足于整个学校生动的文化活动的背景之中展开，这就是第一个主题——文化或者德育文化。第二类就是班级文化，班级还是比较重要的，班主任还是一个很重要的工作，班主任对青年学生的发展也是很重要的，所以生命课堂于班级文化还是需要做一些探讨的。第三类就是狭义的学校文化，比较明确的说是交往文化，那就是学校怎么样形成一种积极的兴发的交往场域。我画了一个简单的圈，包括校长及其群体，包括三个主体，校长、学生、教师，这三个利益集团，有的时候也相同，有的时候也不同，但是这三块之间怎么来交往，对于学校的生命圈有很重要的影响。其实这三者是相互兴发的，校长兴发老师，老师兴发校长，老师兴发学生，学生反过来兴发老师，学生也可以兴发校长，校长也可以兴发学生。也就是说我们在中间，是一个相互的支撑体系，怎么来营造一个基于生命课堂或者说促进生命课堂的学校交往文化，作为学校文化的一个整体中心，因为学校文化在根本上还是人的文化，也就是人的活动与交往的文化。所以我这里不谈很多的学校文化，落实到三个问题，一个是主题，一个是班级，一个是师生交往，这样的话就要把它落实，而不至于太空。

这就是我讲到的操作的两大层面，一个是宏观理念，学生、教师、课堂设计层面；然后就是具体操作层面，那就是两大块，一个是学科相关的，一个是支撑系统。做的时候要加强个案研究，那就是多关注个别孩子成长的个案，让老师们在这个过程中，从关注一个孩子开始，从影响一个孩子开始，这样的话，你的课堂，老师的心态就会发生变化。如果说心中有孩子，那是空的。如果说你心中有一个孩子，那就不一样了，为什么呢？说明那是实的。真正的儿童，只有你当了父母之后才不是儿童，才真正叫成人。为什么呢？因为你当了父母之后，你心里面随时都有孩子，我有了孩子之后，我真的感觉生命完全不一样，我时时刻刻都想到自己的孩子。所以老师一定要有真实的生命感，这样才能够真正地认识自己。如何去面对学生？如何去激励学生？我觉得这特别重要，学生不是抽象的学生，抽象的学生，他不能够打动人，他不能找到一种真实的情感的支撑。所以我在这里特别强调个案研究，强调关注个别学生成长的故事。我也希望三年之中有许多教师成长的故事。

我期望课题最终的成果有两本书，一本是生动的实践的书，三十七中交往的文化、活动的文化、课堂的文化，切实地发生了转变，走进来随便到哪里都感觉到洋溢着生命的热情，洋溢着师生积极向上乐观的情绪，老师也好，学生也好，幸福感比较足，这是第一本大书。第二本大书，能够有这三年我们学校成长的故事，那就是包括我们学校课题设计的基本理念，有我们老师们写的基本的东西，更重要的是有学生成长的故事，老师成长的故事，也包含我在这里成长的故事，各位在这里成长的故事，都写进来。我期待我们今后能写这本书，就是作为我们学校个案发展的研究。在我看来，课题的推广并不是我们拿出一种生命到底如何成长的课堂模式，虽然那个东西也有一定的意义，但是意义不是特别大。更重要的是让大家看到我们是怎么做的，我们老师们是如何成长的，我们学生们是如何切实的成长的，要有一个带有三十七中生命体温的文字，它才能够感动人，才能够打动人。这就是我的期待。谢谢大家！

教育的位序与国民品格的高度

清华附小窦桂梅老师一行去乌克兰参加苏霍姆林斯基诞辰90周年纪念活动，窦老师回来跟我谈及此事，其中三件事情使我听来印象深刻。

第一件事情是纪念大会上宣读的总统尤先科的贺信，贺信中有这样的一句话，大意是像苏霍姆林斯基这样的教育家，本身就是乌克兰国家的象征，所以要感谢那些伟大的教育家们，他们的国家正因为他们而得以让世界知名。总统的话语把教育家们抬到了非常高的高度。

第二件事情是乌克兰整体还是比较贫穷，车子所到之处，有一种荒凉感。但乌克兰人在日常生活中表现出来的精神生命状态非常好。他们走起路来挺胸抬头，给人一种气宇轩昂的气度，而非萎靡不振。另外，只要有两个人，他们就会自动地排队。乌克兰人的身上体现出一种难得的贵族气质，这里的贵族主要是指精神贵族。

第三件事情是走进苏霍姆林斯基的帕夫雷什中学，这所原来的乡村学校里，有两个重要的场所，文化活动室和图书馆。走进图书馆中，看到是一排排罗列整齐的俄语作品，包括普希金、托尔斯泰、屠格涅夫等人的著作。正是这些杰出的母语作家的作品给了最边缘的乡村的孩子一种真实的精神之友，让他们在人生的初始就站在个体精神发展的很高的地平线之上。

这三件事的内在联系在哪里呢？学校教育是我们作为中心的事物，如果说教育的中心是育人，而人之为人的核心，就在于精神的发展。个体精神发展不是在真空之中，本民族的语言和文化乃是个体精神发展的根本性依托。教育的灵魂无疑就是怎样引领个体精神的发展，而引领个体精神的发展最重要的方式无疑就是把本民族最杰出的作家，或者说最杰出的母语作品作为每一个人精神发展的基本资源，从而让个体发展建立在本民族最杰出的心灵之上。文学作品无疑在此过程中扮演着至关重要的角色。文学教育的意义一是提高个人对母语的亲近，改善个体的日常话语空间与话语的品质；二是文学通过极大地扩大人的想象力，从而扩大人的精神世界，为人的发展开辟可能性；三是文学可以陶冶人的情感，培养人的理想气质，激励或者激荡人的灵魂，从而培养人的一种超越世俗的气质来抗衡于个体精神生活的世俗化与粗鄙化。这就是文学教育的责任。

无疑，在苏霍姆林斯基创办的帕夫雷什中学，整齐摆放的俄语名著，让人们看到的正是一个民族国民人格的精神起点。这其中当然有苏霍姆林斯基等人的杰出功劳。这里有一个重要的问题，什么是改善教育的核心条件，也就是构成教育的实质性要件，而不仅仅是形式化的条件？或者说，怎样提高学校教育的精神起点？显然，构成教育核心要件的，正是那些滋润人心的杰出的母语作品。乌克兰人之所以在日常中间表现出一种高贵的精神气质，显然不仅仅得益于他们的传统，而同样得益于他们年少时期所受到的宝贵的文学教育。而教育之所以能够建立在一种较高的起点之上，这正是得益于杰出的教育家们把教育建立在内在条件的充分改善的基础上。

另一个关键的问题是，教育家们何以产生，或者说教育家何以能成为教育家？很显然，教育家的生长得益于这个社会对教育的重视，得益于这个社会能给予教育家成为教育家的充分条件，让他们能够在个人教育实践之中充分体现教育的内在要求。一个社会如果更重视的是政治家、革命家，那么这个社会就是一个政治化的社会，而政治化的社会无疑是求近期效果的，更多的是看到当下的利益。而当一个社会以教育家、文学家为社会的焦点时，或者说杰出的教育家、文学家被抬到足够高的地位时，那么这个社会就是一个文化化的社会，这个社会所注重的是社会的文化品格，这个社会所重视的不仅仅是一时的利益，而是一个民族长远的利益。教育家和文学家在乌克兰被抬到非常高的高度，这自然就成了其国民素质的重要基础。

今天，在我们的社会中，随着政治家、革命家在日常生活中的中心地位逐渐淡去，我们正在走出一种泛政治化的社会。但很遗憾的是，取而代之者并不是文化型的社会，而是财富名人与娱乐明星的二分天下，我们正在进入一个利益至上与泛娱乐化的社会，弥漫着功利主义与感性审美主义气质的大众文化成了社会文化的主流，这对于学校教育的冲击是非常巨大的。而恰恰我们当下的教育和教育家们又是以一种极度功利的形式为社会所期待，这使得我们的教育和教育家们不足以支撑起一片高而远的精神空间，加之应试教育的挤压，我们杰出的汉语作家以及作品在我们教育中的位置也早已边缘化。这就意味着我们的个体精神发展起点，并没有立于本民族杰出的文化心灵之上，而更多的是与流俗接轨。

缺少了对抗潮流的能力与气质，教育的平庸化在所难免。随之而来的，必然就是国民人格的整体平庸化，而国民人格的平庸化反过来又会进一步加剧教育的平庸化。长此以往，从俗如流，20世纪之初，从梁启超到鲁迅的立人梦想，难道不会越来越远？

改变自我，改变世界
——郭明晓老师的自我改变解读

当离退休不远的郭明晓第一次接触"新教育"，这个有近40年教龄的骨干语文教师突然觉得自己"完全没有资格当语文老师了"。但正是这一看似偶然的接触，刺痛、唤醒、改变了她，改变了她的人生轨迹。如今，她每年要给班上每个学生写"生命叙事"，代替传统的教师评语。几乎每月，她都会给过生日的学生写一封生日信或者送一首诗歌，去赞美每个独一无二的生命体。每封信的落款都是"爱你的郭老师"。她不知道，在学生心里撒下的美好种子，将来会面临着怎样的风雨。她安慰自己，"不管以后会怎样，但至少他们曾经美好过"。就这样一步步走来，在教师职业生涯的后期，从自我平凡的生命之中活出"大西洋来的飓风"的能量。郭明晓老师的教师人生转变，给出了今日教师自我改变的经典案例，让我们思考教师自我改变的内涵、意义及其可能性。

第一，为何改变。教师的改变当然是要立足于中国教育的改变，为孩子而改变，但首先是为自己改变。为了让我们唯一的人生更有意义，更有价值，哪怕你 50 岁才开始也不迟，每一刻都是改变的起点。我们是为了自己，我们进入新教育大家庭，寻求自我教育实践方式的转变，其实并不仅仅是让我们变得很累，当然也会增加我们生命的负担，但更重要的是让我们生命更有价值，让我们此时此刻获得更有意义，这是为什么而改变。这样的结果就是，教师的改变带来的是教师生命的勃发，新教育带给我们这样一种年轻人的姿态。我在台下听郭老师讲课，和上台有一点不一样，真的感觉很年轻。是什么让她年轻呢？思考让人年轻，亲近孩子让人年轻，创造让人年轻。跟孩子在一起的每时每刻都让我们达到一种生命的充实，一种温暖，这一种感动比吃补药、比气功等都要好。生命的教育就是滋养生命的教育，首先是滋养我们自己的生命。教师的改变乃是教师自我生命的完善，不是渐次燃烧的蜡烛，而是不断充实中的生命。

　　第二，因何改变。我们改变的缘起是什么？我们每一天的生活庸庸碌碌，我们需要改变的机缘，一个人需要不断有精神的出离，我们要不断找到精神出逃的方式。改变郭明晓老师的就是跟新教育的相遇，一个人的转变需外在的资源，不断地走出去。有机会一定要出去，出去哪怕不是学什么东西，而是有一个让我们有一种精神的逸出意志，超越平庸的生活状态。每个人都有改变的可能性，我们要善于寻找契机。不断地寻求自我突破，教育实践就会有另一种可能性。不断地寻求个人教育实践转变的可能性，其实质就是寻求个体发展的另一种可能性，就是选择不同的人生方式。

　　第三，改变什么。很显然，教师改变的着眼点就是学生，所以一切的改变都是学生的改变，改变学生什么，改变学生生命的状态，生命的欲求。改变的中心，或者说灵魂是什么？以美点亮学生的内心，就是要激励学生欲求美好事物。我们所有的行动，阅读也好，日记也好，戏剧也好，创造也好，都是让孩子们从小获得一种内心对美好事物的体验，只不过我们要尽可能地让他体验更深，更持久，更悠长，更深远地进入个人长久的生命历程之中，成为个体人生的基础，真正地引导个体立于美之中，以美为基础，这就是改变学生。改变的路径是什么，或者说行动的路径是什么？根本路径就是交往，让我们师生在任何时候都是在一起，不是居高临下。作为教师，我们就是要时刻想着学生，我说的每一句话都考虑到学生会怎么看，他会怎么接受，我投下这个石子，在学生的心目中会有什么样的涟漪。教师真诚地朝向学生，开启自我向着学生的意向姿态，同时激励学生向着教师以及教师所代表的精神价值的开放性，也即形成学生朝向教师以及教育事物的意向性。要让学生追求美好，教师要成为美好事物的代表。在这个意义上，作为教师，你就是你所教的事物，教师自身就是教育实践的根本依据，你自己就是教育的方法与路径。

第四，改变的意义。郭明晓老师的自我改变，其意义首先就是自己过得很充实，虽然现在已经退休，但却依然保持着积极的教育热情与实践状态。其次受益的是学生，她曾经并且还在继续改变着周遭一拨一拨的孩子，也在一定程度上改变了孩子的父母，换言之就是改变了周围的世界。她还通过各种讲课、交流，让她的改变影响更多的教师。她就是以自己的改变，改变着周遭的人们，一点点改变着中国的教育实践。世界是由我们一个个的个体构成，每一个人都是世界无数的微中心，世界的改变就是从我们每个人的自我改变开始，每个人的自我改变都是社会变革的一部分。郭明晓老师给我们提供了一种典型的范例，就是改变自我，改变学生，改变世界。

第五，进一步改变的方向。教师改变进一步深化的基本方向首先是人的自觉，人性的自觉。从郭老师的实践可以看到，教育的高度，或者说个人教育实践的高度，就是一个人对人性自觉的高度。郭明晓老师们已经走出了可贵的一步，并且走得比较深入，但还可以走得更远，继续深化我们人性的自觉，践行人性自觉的教育理念。目前我们对人性之柔美这一方面的理解比较多，但是对人性之粗糙、幽暗的一面还基本缺乏，这方面可以进一步深化，以扩展孩子们的人性体验，以尽可能地提升他们生命发展所能达的境界。教师改变的另一个向度就是文化精神的开启，也即如何切实地立足本土，拓展视野，提升文化的襟怀。郭明晓老师自诩为"来自大西洋的飓风"，这个隐喻很有意思，所谓"大西洋的飓风"，体现了一种自然，一种力量，一种野性，我们中国人的力量发挥地不充分，要有一点野性。但是我更希望听到的是来自成都的风暴，就是卷起我们平静生活之中的一种风暴，一种野性力量，这种力量植根于中华大地，植根于我们中华民族生生不息的渊源。提升教育实践的民族意识与文化襟怀，无疑是教师发展的深度意蕴所在。

敬畏与教育的开放性品质

人类怎样看清自己？有无可能把握自己的命运？这都是值得思考的问题。其实，人应该有一种敬畏。就像作为教师，站在讲台上，怎样看待学生？怎样看待自己？是不是把自己摆在居高临下的位置？其实，每个人的知识都是有限的，每一个学生都是鲜活的个体。这意味着教育是开放的，不是封闭的。

教育开放性的根源是教育者的敬畏：一是对知识的敬畏，教育者应把自己还原成学生，成为真理的追求者，在我之上，有更高的东西在引导，而不是形成固定封闭的知识系统，重复一年又一年的讲稿。教育要激发对学生、对真理的爱，而不是对老师的爱。二是对生命的敬畏，这是课堂应有的品质。学生的发展不可以被简单地掌握、简单地控制。因为每个学生都是自然造化的产物，都是鲜活的、独具个性的个体。每个人的生命发展的过程是一个遮蔽与敞开相结合的过程，失去了秘密的个体必然被置于人为的设计改造之中。对儿童生命发展抱持敬畏之心，就是先在性地承认儿童生命发展的复杂性，必要的隐秘性，以及由此而来的生命发展的自由的可能性——一旦个体发展被置于强光之中，这就意味着个体发展自由的匮乏。

这也表明成为一个好老师的艰难，唯其艰难才足以构成对教师生命的挑战，成为好老师的艰难过程也是教师自我生命成长的过程。让每个孩子心灵激荡起来，焕发个体灵魂的秩序，促使生命意义的不断生长，追寻生活的可能性。在这个过程中，教师自身的生命意义也被充分激发出来，教师由此走向生命的卓越。

学生宿舍该如何命名

从家里去教育学院，总要经过中间三栋学生宿舍。每每看到耀眼的标牌上的名字"江边学生宿舍"，就打心眼里有点不舒服，尽管牌子做得非常精致，亦无补于它的苍白。

"江边学生宿舍"，顾名思义，就是靠湘江边的学生宿舍，这个命名的功能就是准确地指认宿舍的地点，它所体现的就是通俗而实用的命名功能。但对于每天生活在这里的人们而言，江边学生宿舍，实在唤不来一点关于大学的美好想象，没有一点文化的、审美的韵味。实在不知道名字是如何出台的，主事者是基于怎样的考虑，如此缺乏创意的命名，其实是对大学精神空间的一种无形的损害。

给宿舍命名，给建筑命名，给大地上的一切存在物命名，其实就是给我们存在的空间命名，就是在建构我们生存的精神空间，命名的高度其实就是我们存在的高度。从这个意义上而言之，当我们的生命空间充斥的无非就是像江边学生宿舍这样的名字，我们的精神空间，或者说我们的大学精神的贫乏就是不言而喻的了。

这几栋宿舍修好后好几年都没有名字。大概是去年为迎接教育部本科教学评估，宿舍墙上贴了漂亮的标牌。其实，干脆不要画蛇添足也罢，还可以让不知情的人胡乱猜测一番，也多一点想象的可能。

大学故事与大学质量

大学故事乃是大学人生命的逸出，是大学师生个性之多样性与丰富性的自由展现。一所大学之水平的高低，往往就可以从其所孕育、流传的大学故事上可见一斑。堪称经典的大学故事为一代代大学人骄傲地传颂，自然地成为激励莘莘学子、传承大学文化的精神养分。在人们津津乐道之际，大学如同传奇，向着年轻学子的内心敞开，召唤年轻人从现实的大学存在走进充满生命温情的大学想象之中。故事发生在大学之中，大学融汇在故事之中，口耳相传的大学故事成为大学精神绵延扩展、薪火相传的重要形式。

故事生自大学之人，大学人的生活之所以成为故事，一是因为生活事件本身卓有意义，二是因为大学之人的敏锐，也即能充分地意识到自身生活的内涵与价值。正因为如此，大学有故事，本身就是大学人的生活质量的体现。故事内涵的高低，折射的正是大学之人的生命品质的高低。大学无故事，一种可能是大学确实缺少故事，缺少故事的缘由，一是大学之人的生活本身过于平淡，或者直白地说是大学之人本身的素质有问题，二是大学师生置身体制化的生活方式之中，按部就班地扮演着科研、教学流水线上的固定角色，缺少自我生命的逸出，两者都昭示着大学生活质量的欠缺；另一种可能是大学依然有故事，但故事没有被流传开来，这里的原因无非是两个，一是故事本身的含金量不够，也即故事本身并没有充分的大学意蕴，二是有了精彩的故事却依然不被流传，说明大学之人已经不再眷顾于此，每个人关心的是自己的一亩三分地，教授忙于自己的科研制作与教学任务，学生忙于应付各种考试、赚取各种资格证书。大学无故事，折射出当下大学的困境：平庸化。没有故事的大学，越来越多地成为一桩生意，一拨拨学生走进来，感受不到大学生命的体温；一拨拨学生走出去，带不走大学的美好想象。没有故事的大学造就虚空的大学心灵。

大学有故事，乃是提示我们，大学教育在任何时候都不可以约化为知识技能的授受，哪怕是高深知识技能的授受，换言之，大学并不只是高深知识技能授受的机构，而是或者说更是一群追求知识与真理的人的共同生活场域。正如雅斯贝尔斯所言，大学的本质乃是创造性的文化生活，大学的灵魂乃是在大学这一场域中的人活出了属于自己的故事，活出了活生生的对知识与真理的追求，活出了大学人对自由与美好的追求，活出了内心的从容与生命的卓尔不凡，简言之，活出了大学之人不断追求卓越的生命品质。

遥想民国知名大学，或者世界名校，首先想起的是一个个趣味与个性盎然的学者，包括学习者的形象。大学是学人聚居之地，大学的中心是卓越的文化—心智生活，也即以文化含蕴的心智生活。这种心智生活外化而成为大学人鲜活而生动的生命实践，由此而显现为一个个生动的大学故事。

大学教育的质量毋宁说是大学故事的质量，是大学人的生活质量，或者说大学之人的生命质量，是大学之引领个体成人的质量，而非降格为单纯各项大学数字的比拼，特别是当我们把大学好坏的标准归约为几个简单的数量指标的时候，这种数量化本身就成了一种大学的陷阱。当然，适当的数字衡量当然是必要的，特别是在大数据时代，数据的意义毋庸置疑，但我们必须明白的一点是，数字的背后必然是人的质量，换言之，数字背后必须蕴含的是人的质量，数字并非根本性的，而是次生性的。一旦我们把次生性的提升为根本性的，那么大学之人就不可避免地被边缘化，换言之，人本身的质量必然被弱化。

正因为如此，当我们试图切实提升大学教育质量之时，我们首先要问的是什么是大学教育的质量，而什么是大学教育质量，其前提就是什么是大学？也即大学的根本究竟是什么？我们不妨重温当年苏格拉底的追问方式，我们究竟关心的是"大学本身"还是"大学的"事物？换言之，我们很多时候乃是以对"大学的"诸种事物的关注，替代了我们对大学本身的关注。与此相关，我们对大学教育质量的问题，同样变成了对"大学的"相关事物的评价，而非对大学本身的评价。

大学本身的质量体现为卓越的心智生活，也即对知识与真理的无上追求，以及由此而显现出来的大学之人不断追求卓越的高贵德性。离开了这一点，大学就成了制造各种数据的高级加工厂。我们日益活在一个技术化的时代，大学有故事，乃是以生动而雅致的大学故事来救援技术化时代里我们日益衰竭的心灵生活，重建大学人的高贵与尊严。

校长就是校长

早些时日，曾读到刘尧先生在《教育科学研究》2002 年第 11 期发表的一篇题为《现代教育与中小学校长素质》，从现代教育特性出发，对中小学校长们提出了"无产阶级政治家""现代教育思想家""现代教育管理家""社会主义道德家""学校心理学家"等要求。结尾还补上一句，"除了具备上述素质外，中小学校长还应具有学术素质，创造素质，协调素质，身体素质等，这里不再赘述"。估计要是不"赘述"的话，还可以列出"学问家""创造家""协调家""运动家"等美名。初读起来，文章有一种指点教育"江山"、激扬教育文字的气概，令我辈汗颜。刘兄是知名专家，我辈理当洗耳恭听，只是有些想法不吐不快，不如说出来，以与刘兄商榷。

依愚人之见，尽管校长确实需要多方面的才能，但他最好的标签就是校长。校长就是校长，给人贴的标签多了，其结果很可能是自己都不知道究竟要做些什么，校长究竟是干吗的。俗话说，"隔行如隔山"，一行有一行的门道，校长本身就是一个相对独立的门道，不是其他门道的附庸，不可以简单取代，这就好比说革命家有革命家的门道，不一定非得具备校长的素质一样。校长这一行如果一定要安一个什么"家"，那最重要的当然就是教育家，这早在20世纪初蔡元培先生就已经说得十分清楚了，"教育当交由教育家来办"。何谓教育家？大抵教育家就是懂教育并且躬亲实践，会办教育，而且办得十分出色的专门家。教育家并不一定是教育思想家，一来教育思想家稀缺，一个时代有那么几个就是万幸了，中国20世纪上半叶称得上教育家的人还是不少的，陶行知、晏阳初、梁漱溟应该都是名正言顺的教育家，但称得上教育思想家的除了蔡元培恐怕难以再找出几个，尽管那时有教育思想的人还是不少的。而用于光远先生的说法，中国20世纪下半叶有没有真正的教育思想都还是一个疑问，教育思想家更加稀缺了。教育思想家可是凭着教育思想而不是其他什么，来成为教育思想家的。

　　会办教育当然内含着必要的教育管理。所以，说白了，校长就是要会办教育，或者说会办学校，抓住了办教育这个中心，别的东西适当懂一点，应该说就抓住学校管理的关键了。校长不是家长，学校管理应有学校运行的良好机制，集思广益，并不一定非得自己什么都懂。把学校、教育的命运系于校长，系于他们的什么都懂，行行都是专门家，且不说有些危险，单就其代表的社会理念而言，这只能是典型的人治，而不是法治。校长不是万能的，也不应是万能的，万能的校长恰恰可能隐藏着另一种危机，那就是教育民主的缺失，而民主恰恰正是现代教育的基本追求之一。

　　现代社会越来越多地走向专业化。在走向职业化社会的今天，我们看待校长的方式与其说是神圣的，不如首先把它朴素化，校长首先是一种职业岗位，它所要求的只能是这个普通的职业岗位所能要求的基本素质。当然，校长作为一种特殊的职业岗位必然有其特殊性，这种特殊性同样要求这个岗位特殊的职业素质，但这绝不意味着它就应该是包罗万象的，把别的几个岗位的要求都提到这个位置来。一个良好的社会应该是每个岗位都能坚守自己的岗位职责，做它该做的事情。苟如此，对于校长，我们又何尝不能抱一种平常的姿态，让校长们就一门心思担当好自己的"校长"身份呢？

依我对一些经济不太发达的县市中学校长的了解，现实的问题在于，前面说的这一点恰恰是我们目前的校长们花费精力最少的，他们恰恰把过多的精力有意无意、主动被迫投入应酬、协调内外各种利害关系、捞钱等事情上去了。我们的校长们实际上很多时候扮演的并不是校长的角色，他们想当教育家难当成，他们不想当的"家"偏要他们去当。什么时候能让我们的校长都能堂堂正正地做好一个校长该做的事情，少当些别的什么"家"，那对于我们的学校，乃至我们的整个教育，可能就是万幸的了。如果他们当好了校长，还想去当那些个"家"，那是他们自己的选择，不是也不应该是一种规定。

好校长如何成就一所好学校

在我们的教育体制没有足够完善的背景下，一位好校长确实就是一所好学校。一个好的校长能够在体制允许的范围内，找到学校个性发展的路径，并且把个人对教育、对学校生活的理解融入其中，使一所普通的学校得以超越体制化时代千人一面的学校模式，而显现一所学校独特的精神气质。这在现代中国教育史上——直到今天，乃是一个不太正常，但却是基本的事实。

20世纪20年代，曾创办上虞白马湖春晖中学的经亨颐先生，以他"人格教育"的全新办学理念和举措，广纳贤才，一时群星璀璨。当时的春晖中学不仅能使学生得到良好的成长，在闲适、自由的环境中教师也得到很好的发展，也影响了当地的社会文化风尚，如经亨颐先生所说"我们应当感化乡村，切不可为乡村所化"。当时的中国教育界就留下了"北有南开，南有春晖"的美谈。

我们今天教育的症结千头万绪，但其中一个基本的着眼点，确实就是校长，通过校长来带动一群群教师、一所所学校，通过校长们的努力来成就一所所学校的现在与未来。好校长不仅为学校发展搭建良好的蓝图，更重要的是奠定学校发展的精神起点。好校长为教师的成长提供良好的平台，引领相互探究、敏于学习思考的学校氛围，为他们的发展尽可能提供有意味的和谐空间。好校长不仅是教师成长所依，也是时下一个学校发展的重要源泉与动力。

好校长成就好学校，好学校孕育好学生。好的学校会让学生感到在这里求学是一件幸福的事情，也让教师在这里找到生命的安顿与精神的依恋，让他们每每在人生的旅途之中驻足回望，都会充满感激，都会有一种来自心灵深处的感动。

（一）为学校找魂

曾经在大学英语泛读教材上读到过一篇文章，大意是有书的地方就是教室，有爱的地方就是家。我们今天办学的条件再差，也比 20 世纪二三十年代陶行知的晓庄学校不会差，比抗战时期华罗庚在破窑洞里带学生学数学的条件要好无数倍。就是在那种艰苦的条件下，他们可以说创造了中国教育的奇迹。他们正是凭借他们的爱心与热情，给教育营造了一个温馨的空间，让教育始终保持自己的本色。

我们今天的学校最大的问题是什么？就教育自身而言，最大的问题其实并不是硬件，不是钱，尽管钱是至关重要的，但钱在教育改革的过程中绝不是万能的。与那时的名校相比，我们今天的学校最缺的是魂，是对现代教育的真切理解与融入个人生命之中的积极实践。没有灵魂的学校，就只能是学习训练的工厂，是培养读书的机器，而不可能成为年青一代心智健全发展的乐园。

当年经亨颐校长，欲"以哲人统治之精神自谋进行"的办学思路，来一洗当时教育之流弊，其兴学目标是：发展平民教育，培养有健全人格的国民。学校的灵魂是什么？一所学校的灵魂就是这所学校的基本办学理念，也就是对为什么办学，学校要培养怎样的人，以何种方式去培养等问题的不断思考，并融之于实践之中，从而使得学校成为为学校群体卓越教育理念所引领的空间。观念先行，引导行动，学校生活就成了一种内在理念的实践。一所学校必须明白，它存在的根本方向是什么，学校工作的根本宗旨是什么。"本立则道生"，本不立，则一切无从谈起。

在找魂的过程中，校长就成了关键的人物。一位优秀的校长，眼观四路，耳听八方，确立学校办学的中心，以及校长所引领的教师群体，能赋予学校以灵魂，他们的人格，他们的教育理念和教育信仰，充实了学校的灵魂，整个校园流淌着的是人生命的灵动与求知的乐趣，而不是空空的装满了现代化摆设、外表辉煌如宫殿的躯壳。

造成今日学校灵魂的缺失的原因有三：一是整体应试教育机制的影响，使得学校个性不明；二是利益的考量影响办学的基本方向；三是官本位的管理模式影响学校权力的方向。问题是客观的，但这绝不意味着我们今天的学校就没有学校灵魂生长的空间。我们今天的教育改革恰恰是需要在学校整体办学理念上的突破与积极实践。如何找到学校自身的合理定位，在积极贯彻教育方针的同时，把握教育发展的动向，妥善处理当前教育面临的实际问题，在体制化的教育之中找到学校个性生长的立足点。

（二）校长人格是学校的旗帜

重温茅草房时代的教育温情，并不是要否弃教育对物质条件的现代化追求的正当性，更不是要美化贫困时代的教育，而是要让我们明白，真正的教育，教育真正的问题乃是，何以通达人心，温暖人心，贴近个体人生。现代化的条件当然重要，但条件到一定程度，其增长所带来的教育效果的改善，其程度会逐步降低，人才是最重要的，我们对外在条件改善的关注就应该转向内在实质的关注，转向对人的关注，焕发学校存在最本质的要素，提升学校存在的品格。

夏丏尊先生曾说过，"教育没有了情和爱，就成了无水的池。任你四方形也罢，圆形也罢，总逃脱不了一个空虚。"教育是以人格为基础的事业，人格是学校教育得以鲜活展开的内在力量。校长人格无疑是凝聚人心、引领学校方向、焕发教师教育热情的重要因素。开明的教育意识，宽厚的学养，踏实的精神，民主的作风，对学校教育与发展问题的敏感性，这是校长人格的核心。

　　一个好校长，杰出的教育理念，对时代教育问题的敏感性与透彻的认识与把握，这是校长人格的基础。当然，仅有教育思想、教育理念还不够，必须有德，"德乃立人之本，成事之魂。"校长的人格，是无法用具体的价值来衡量的，随着时间的推移，它将会日益清晰地化作永远让人值得记忆的人格丰碑，化作滋润一所学校的精神营养。陶行知的伟大，不仅表现在他高扬德性对于校长角色的不可或缺性，更在于他言行一致，在学校管理工作中真正地践履了他的道德主张。他是一位品行高尚的教育领导者，他的人格所散发出来的光芒为后世所景仰。而校长的人格魅力于学校师生潜移默化的影响，对于整个学校的积极氛围的营造起着不可轻视的作用。

　　时为春晖中学教师的朱自清先生这样写道："教育者先须有健全的人格，而且对于教育，须有坚贞的信仰，如宗教信徒一般。"校长的人格首先来自对教育、对学校的宗教般的情怀，把教育看作目的，不把教育当作纯然谋生的手段，着力营造师生共同生活与生长的精神家园。这对于引领学校的精神风向是至关重要的。校长的人格魅力来自对教育的独特理解。教育的目的在于改善人心，只重视学业，忽视了做人，学校就成了制造考试机器的工厂，教育脱离了其本真的意义。而这一切，最关键还是在于校长、教师必须先有健全的人格，对教育坚贞的信仰。校长的人格是学校的一面旗帜，是值得师生共阅的一本好书。校长的作为，教师的"师范"作用，在很大程度上直接改善着教育的品质，这也是学校悄无声息而又力量无穷的一方教育之清泉。

（三）教师是学校之本

好的教师是一个学校发展的机缘，也是学生生命历程之中的幸运。教师的言行举止往往能影响着学生的一生，多少人曾满怀激动地回忆过去的恩师，绵绵之中是说不尽的怀念与感激，教师的启发与引导让人终身受益无穷。好的教师需要校长的发现与培养，正所谓"慧眼识英雄"，在各种教育理念不断冲击的时代潮流中，校长引领着一群教师的成长，为教师专业的发展提供尽可能充足的空间。培育一个优秀的教师群体，这实际上是学校工作的头等大事。

教师工作的中心，一是吸引、培育名师。"三个臭皮匠，赛过诸葛亮"，这是中国传统社会的基本理念。其实，有时候三十个臭皮匠，也顶不上一个诸葛亮。一所好的学校必须要有代表学校精神的名师。如果说好校长是学校的心，那么名师就好比学校的眼睛，他们能清楚地把握学校教学的方向，促进学校办学目标的实现。名师同样也成就一所好学校，甚至可以说，名师就是一所好学校之好的根本所在。

当然，这并不是不重视其他教师，而是必须发挥名师的带头、示范、引导作用。只有他们，才可能把学校的灵魂散步到周遍的教师心中，他们才真正可以把"皮匠"的智慧凝聚起来。不可否认的是，过去的著名中学，名师曾给学校带来了非凡的效应，往往是一个名师就带来多位名师，带动一片名师。同时，一位名师的离去也可能带动一个优秀教师群体的解散。时代的不同，对于名师的理解和需求却是同样的渴望。

二是团结、引导、带动普通教师。所谓独木不成林，良好的学校生活氛围，需要众人之间的相互磨砺，每个人自我的积极、健全的教育意识与教师生命状态，乃是学校其他人积极、健全发展的条件。营造书香校园，促进每个教师的全面成长，就是这样一种努力。

与此同时，加强不同学校、地域之间教师的合作交流，也是一条重要的路径。教育需要交流，闭门造车往往导致故步自封。鼓励教师的交流，扩大交流，对于开阔教师眼界，拓展学校视野，提升学校的精神品性是非常重要的。

(四)从小事做起

人总是在细微处把握住生活的内涵，尽显生命之本真，好校长能够捕捉到学校中的一点一滴，在别人微不足道的细节中来引领学校成长的方向。所以，细节不容忽视，特别是在整个学校文化的建设方面，首先当然要懂得营造学校积极交流的精神氛围，春晖中学的成功关键是有一批志同道合的好教师。当时在校的夏丏尊、丰子恺、朱光潜、匡互生等人气味相投，朝夕相处，友情甚笃，张清平曾在他的散文《人散后，一弯新月天如水》中回忆道：“夏丏尊一向好客，房子又比他们几个人的大一些，加之丏尊太太做得一手好菜，他们便常在夏家聚会。从学校事情，谈到社会，谈到文艺，直谈到夕阳西下，月上东山。”

正是在学校的这种宽松的环境中教师们尽显其长，相互交流，这样积极自由的空间里教师与学生的精神世界无比丰富，也才有了当时春晖的辉煌与英才辈出。而师生之间积极交流的精神氛围的营造也同样如此，学生在教师面前无须矫情饰伪，教师对学生真诚和爱，当教育传达出对学生的善意、信任和关爱时，唤醒的是学生的向学之心和向善之意。学校精神氛围的营造需要一个相对宽松、自由的环境，尊重个性，而这又需要校长的开明，宽厚的胸怀，坚定的教育信念，它也需要校长关注教师生活的苦乐忧愁。

其次，校园花草树木的布置，丰富多彩的课外生活，学校的课堂，每一个细节之处也许是一个人一生最深、最难忘的记忆，它们曾经带来的欢乐与忧思，青春年少浪漫情怀，激情理想，也许这些细节一一为之承载，让人回味一生。而对于这些细节的把握，是校园文化经过长久的岁月慢慢沉淀下来的，悄悄地烙在每一个学子，每一位教师的一言一行之中，打上了生命的印记，一所学校应该让莘莘学子感受到浓浓的人文氛围，并给学生以潜移默化的人文熏陶。而对于良好的校园文化的建造更需要校长的智慧与真情，需要校长对于教育的爱与信念。

学校不仅是学知识、获得学业上晋升资格的阶梯，更是，而且首先是师生共同生活的精神家园，是师生人格共同发展、心灵受到启迪的理想空间。一所好的学校，必须能唤起师生美好的想象与自由的创造，唤起师生对于美的向往和创造的热情，从而唤醒、激励师生个性的共同生长。一所好的学校，能让从他那走出去的老师和学生，在往后生命漫长的岁月里，无论何时想起，都会有一种精神的归属感与内心的满足。这就意味着学校灵魂早已经在每个人的生命之中，深深扎根。

走向深度的特色学校建设

特色学校的创造往往来自学校有特色的教育行动，但有特色的教育行动并不足以构成学校之为学校的特色。一所成熟的特色学校往往不是一时打造的，而是自我提升、逐渐生成的。特色学校的建设需要由表浅性的特色行动，向着深度的学校教育之特色扩展。

特色学校不仅仅是体现在实践中，体现在某种具体的学校教育行动之中，而且需要上升为理念，上升为学校的办学理念，以理念引导现实的走向。特色学校的创造必须有高的教育起点，必须充分地体现育人的目标。只有当单一的实践上升为理念之时，学校特色的创建才会主动地融入时代整体的教育理念诉求之中，而不至于使得学校的特色创建停留在个别的、单一的、零碎的行动，体现不出时代的教育精神。只有符合时代教育精神的特色学校建设行动，才能保障特色学校建设的长期性。

为了保证特色学校创建的长期性，有了理念，还需要制度的规约与积淀。我们需要在创建特色学校的过程中，把确认为优良的学校教育行动模式转变成相应的制度保障。民主、合理的制度本身就是特色学校的一部分。有了合理的制度，特色学校之特色就具备了再生的可能性。而只有当制度是民主的、开放的，才能保证特色学校之特色本身的开放性与活力。

有了理念和制度，特色学校还需要积淀。特色学校不应该是平面的、应时性的，而应该是立体的、历史的。特色学校必然内在地生长于学校历史之中。特色学校的建设必须重视学校的历史，重视学校历史的逐渐积淀与合理呈现，重视学校之特色赖以生长的学校精神史。在这个意义上，特色学校建设的路径首先乃是对学校自身传统的积极理解、发掘与合理培育。这意味着我们需要不断地积累、丰富、拓展特色学校建设的内容，并体现在学校建设的方方面面，成为学校无所不在的标示，这就是文化。一所优秀的学校，一所具备成熟特质的特色学校，必然有着丰厚的文化底蕴，使得特色学校之特色以文化的形式自觉地弥散出自身的教育功能。

回顾历史上的诸多特色鲜明的学校，《窗边的小豆豆》里的巴学园对儿童自由与个性的尊重；尼尔的夏山学校，被誉为"最富人性化的快乐学校"，其特色是对人性与自由的充分尊重；20世纪20年代春晖中学经亨颐先生对人格教育的重视。特色学校建设不应成为一时的随想，必须体现出基于教育自身和时代教育精神的价值诉求。特色学校最终体现为对教育核心价值的追求。

特色学校的创建，始于办学者，在眼下也就是校长的办学理念，校长的高瞻远瞩可谓特色学校创建的先声；成于鲜活的学校行动，以教师为中心的学校教育实践的整体贯彻，可谓特色学校建设的核心与关键。特色学校需要有理念，有行动，有制度，有历史，有文化，有价值，但特色学校的根本在于教师。失去了优秀的教师的支持，所谓特色不过是一句空话。风物长宜放眼量。特色学校的建设，最根本的路径，还是在于培育一个优秀的教师群体。

小心地守护学校的历史

我们今天对教育现代化的追求正在或者说已经陷于一种误区，认为唯有现代化的高楼大厦、高技术的现代教育设备和时髦的教育口号，才能高然稳居于"现代教育"的门槛之上。学校是育人的地方，离开了学校文化内涵的孕育，缺少了文化精神的入渗，那些最先进的设备只能是一堆豪华的器具，直白地说就是摆设。

实际上，我们潜在地就有这样一种设定：教育的现代化，学校的现代化主要地就是教育条件的现代化。我们把教育的现代与否的依据归结于物性的，而不是人性的。在我们的观念中潜在的价值标准是：新就是现代。现代化的教育条件固然可以增进一所学校的现代气息，但仅靠现代化的技术条件的支持，最好的学校也不过一所没有灵魂的教育工厂。评价一所现代学校的标准应该远不只是新，准确地说，新既非充分条件，也不是必要条件。

学校是学校人生活的地方，是学校人"文化"地生活的地方，在那里，一批又一批、一代又一代的师生，凭借他们的情感和智慧，使一草一木，一砖一瓦，一张黑白照片，一本幽雅的日记，一本破损的笔记本，一本发黄的备课本，都成为学校人真实而丰富的心智生活的见证，透露出学校丰富的历史文化信息，使作为物的形式存在的学校成为活生生的学校人之生命活动的场域，使学校超越单面的物的存在而成为立体的、繁复的文化生活的存在，成为走出校门的学子们拳拳眷顾的心灵依恋，也使得后来者们一走进学校之门，就是走进了一个活生生的丰富的文化场域，自由地呼吸学校的历史文化的气息，不知不觉中把自身同化与学校历史文化之中，使心灵受到全面的感染。这种潜移默化的熏染就成了个体接受课堂正规教育的基础，甚至它就是学校教育的至关重要的组成部分。

正因为如此，学校的存在形式绝不仅是物性的，而且是人文的，甚至可以说，学校存在的本质属性就应该是属人的文化存在，一种与师生共同成长与发展的生命有机体的存在。正是学校生活中一草一木、一砖一瓦，学校师生学习、生活、工作中留下的丝丝缕缕痕迹所透射出来的文化意味和生命气息，让学校不同于工厂、商店，而成为育人的场域之所在，去昭示、敞开一颗颗年轻的心，让他们自由、快乐、丰富、轻松地受到人生所需的全面的孕育和启迪。这意味着学校在不断向前发展的同时，或许也应该不时地回望过去，好好积累、珍惜学校历史之中留下的各种显眼不显眼的足迹。一所学校的现代与否，并不是对传统的背离，而恰恰可能是对学校自身传统的创造性守护。唯其守护传统，才有创新的基础，才能增强、提升学校存在的历史文化品格；唯其不断创造，才能融入时代，并使学校传统获得在现时代的生机与活力。

提升学校的文化存在品位，培育学校的文化立体感，我们当然可以，而且应该通过引进既有的文化资源，比如图书馆、历史文化名人的图像、其他文化景点的布置等；但我们不要忘了另一条重要的途径，一条并不需要多大花费，任何学校都能做到的途径，乃是学校自身历史资源的累积。在忙于打造学校品牌、提升学校知名度的今天，我们一方面热衷于延长学校的历史年限，但另一方面我们却看不到学校历史长久的任何痕迹，学校的历史终究只是数字的历史，而不是活生生的学校文化存在的历史，有等于无。既然如此，我们在想方设法改进学校的办学条件，用成堆的金钱打造学校的富丽堂皇之时，我们是不是也要在建设学校的立体的历史文化的氛围上多下点功夫，真正让学校成为一个立体的历史文化场域，成为一批又一批、一辈又一辈的老师和学生的心灵眷恋之所在？